# 吉田茂

## 元首相の霊言

戦後平和主義の代償とは何か

大川隆法

RYUHO OKAWA

# まえがき

戦後日本の政治の方向性を定めた吉田茂《よしだしげる》元首相。憲法九条の守護神《しゅごしん》。国家観の放棄《ほうき》。アメリカ頼みの金銭国家づくり。自衛隊を、セコム、アルソック並みに考えていた男。教育の無神論・唯物論化。「吉田学校」で育った戦後政治家たちの受けた洗礼《せんれい》である。

そして正義とは、「戦争放棄《ほうき》と平和を唱《とな》えること」。神なき国は善悪を判断できなくなり、北朝鮮の核実験・ミサイル発射にも、右往左往《うおうさおう》するしか能はない。

こんな国に誰がした。「戦後平和主義の代償《だいしょう》とは何か」を吉田茂を題材に考えてみた。

「吉田ドクトリン」が「吉田毒《どく》トレン（吉田の毒が取れない）」であることに、もう気づかなくてはなるまい。

二〇一七年　十月六日

幸福《こうふく》の科学《かがく》グループ創始者兼総裁《そうししゃけんそうさい》
幸福実現党創立者兼総裁《こうふくじつげんとうそうりつしゃけんそうさい》　大川隆法《おおかわりゅうほう》

# 吉田茂元首相の霊言　目次

# 吉田茂《よしだしげる》元首相の霊言《れいげん》

## ――戦後平和主義の代償《だいしょう》とは何か――

二〇一七年十月五日　収録
幸福の科学　特別説法堂《せっぽうどう》にて

## 検証③　吉田茂の日本観　70



## 検証④　戦後日本の節目の政治決断の是非　81

## 検証⑤ 「吉田茂の考え」を受け継《つ》いでいるのは誰《だれ》か 111

## 検証⑧ 吉田茂の責任観 198



## 検証⑨ 吉田茂の教育観 208

「霊言現象《れいげんげんしょう》」とは、あの世の霊存在の言葉を語り下ろす現象のことをいう。これは高度な悟《さと》りを開いた者に特有のものであり、「霊媒現象《れいばいげんしょう》」（トランス状態になって意識を失い、霊が一方的にしゃべる現象）とは異なる。

なお、「霊言」は、あくまでも霊人《れいじん》の意見であり、幸福の科学グループとしての見解と矛盾《むじゅん》する内容を含《ふく》む場合がある点、付記しておきたい。

# 吉田茂《よしだしげる》元首相の霊言《れいげん》

## ―戦後平和主義の代償《だいしょう》とは何か―

二〇一七年十月五日　収録

幸福の科学　特別説法堂《せっぽうどう》にて

吉田茂《よしだしげる》（一八七八～一九六七）

外交官、政治家。第45・48～51代内閣総理大臣。親米・保守の立場を取り、戦後日本の礎《いしずえ》を築いた。一九五一年、サンフランシスコ平和条約を締結《ていけつ》し、日本の主権回復を実現させた。「吉田学校」と呼ばれたグループには、池田勇人《いけだはやと》、佐《さ》藤栄作《とうえいさく》などがいる。麻生太郎《あそうたろう》副総理の祖父に当たる。

質問者　※質問順

酒井太守《さかいたいしゅ》（幸福の科学宗務《しゅうむ》本部担当理事長特別補佐《ほさ》）

綾織次郎《あやおりじろう》（幸福の科学常務理事　兼《けん》「ザ・リバティ」編集長　兼ＨＳＵ講師）

大川裕太《おおかわゆうた》（幸福の科学上級常務理事　兼　宗務本部総裁室長代理

兼　エル・カンターレ信仰《しんこう》伝道局担当言論局長）

［役職は収録時点のもの］

# 1　戦後の国是《こくぜ》をどう変えるべきか、今、問われている

## 選挙争点の根底にある「戦後日本の政治体制」問題

大川隆法　今日（二〇一七年十月五日）は、元首相の吉田茂《よしだしげる》さんの霊《れい》が、お昼ごろから来ています。

七年前の二〇一〇年、民主党政権に替《か》わった翌年に、マッカーサーの霊言《れいげん》を録《と》りました。それと同時に、吉田茂や山本五十六《やまもといそろく》、鳩山一郎《はとやまいちろう》の霊言も傍証《ぼうしょう》的に録ったのですが、いずれも短くて簡単なものでした（『マッカーサー　戦後65年目の証言――マッカーサー・吉田茂・山本五十六・鳩山一郎の霊言――』〔幸福の科学出版刊〕参照）。

『マッカーサー 戦後65年目の証言―マッカーサー・吉田茂・山本五十六・鳩山一郎の霊言―』（幸福の科学出版刊）

この七年前のときには、吉田茂の霊には、はっきり言って、まだ死んだ自覚がなかったのではないかと思います。大磯《おおいそ》の自宅で隠遁《いんとん》生活をしているようなことを言っていました。私に呼ばれて初めて、「何か違《ちが》うのかなあ」と思ったぐらいの感じではあったかと思います。

さて、先月の九月二十八日に衆議院が解散され、総選挙態勢に入り、もう選挙戦に入っています。

私は、最近、『自分の国は自分で守れ』（幸福の科学出版刊）という本と、『危機のリーダーシップ』（幸福の科学出版刊）という本を出したので、「今回の選挙について言うべきことは、もう言った。あとは、（幸福実現党が）現実に活動したら、もうそれで十分かな」と思ってはいたのです。

ただ、吉田茂さんが〝目覚めて〟いて、意見がおあり

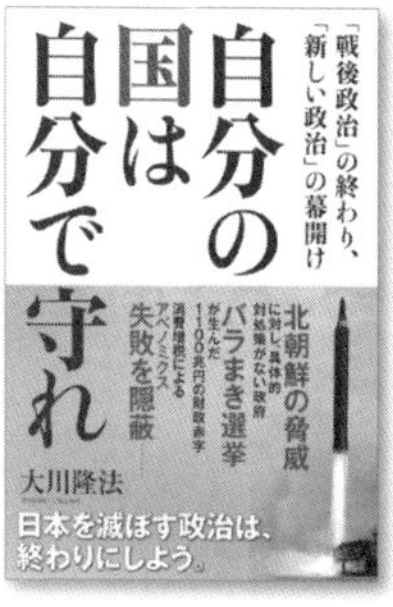

『自分の国は自分で守れ』（幸福の科学出版刊）

『危機のリーダーシップ』（幸福の科学出版刊）

のようでしたので、霊言を収録することにしました。

今、対立している問題は、結局のところ、「戦後日本の政治体制をどう見るか」という問題なのです。それがまだ続いているわけです。

私としては、「これは平和主義の代償《だいしょう》の問題なのではないか」と思っています。

## 北朝鮮《きたちょうせん》による危機を一時的なものとする考え方の間違《まちが》い

今、北朝鮮《きたちょうせん》による核《かく》ミサイル危機が起きていますが、これを「一時的なもの」と見て、何とかやり過ごそうとする立場もあります。すなわち、「外交努力や国連の圧力等によって終わるものであり、一時的にしのぎ切ればよい」と考えるのです。

そして、「日本にとっては、戦後ずっと続けてきた、軽装備の軍事能力、警察に毛が生《は》えたようなかたちの軍事能力しか持たず、『決して戦わない国』として平和主義を取り続けることが繁栄《はんえい》の条件である。それで戦後七十年以上うまくいったのだから、それを守るべきだ。今、一時的に北朝鮮が騒《さわ》いでいるからといって、早計に日本の国の国論や方針を変えるべきではない」というような考え方もあるでしょう。

また、「戦争そのものが悪なのだ。だから、核兵器は、理論的にも理屈《りくつ》的にも、当然、廃絶《はいぜつ》しなくてはいけないものである。北朝鮮が核兵器を開発したからといって、アメリカが核兵器で北朝鮮を攻撃《こうげき》するとか、日本が核武装をするとか、韓国《かんこく》も核武装をするとか、そういう話も出てきたりしているけれども、それは歴史に逆行していることなのだ」という考えもあるでしょう。

ただ、今、現実に北朝鮮が原爆《げんばく》や水爆等の核兵器を開発し、日本列島越《ご》えのミサイル発射実験をやっていますし、次には、核弾頭《だんとう》を載《の》せた本格的な攻撃にも似た実験、アメリカのグアムや本土を狙《ねら》った攻撃にも似た実験がなされるかもしれませんし、あるいは開戦がなされるかもしれません。そういう危機も一方にはあるわけです。

それに関しても、「日本政府が、Ｊアラート（全国瞬時《しゅんじ》警報システム）を鳴らし、危機を煽《あお》っているだけだ」というような、左翼《さよく》平和主義の考え方もあります。

ここのところが、大きな大きな論点の一つです。

# 2　日本の国家方針を決定づけた吉田茂元首相とは

## 吉田茂元首相の業績

大川隆法　吉田茂という人は、高知県出身です。一八七八年に生まれ、一九六七年に八十九歳《さい》で亡《な》くなられているので、私の小学校時代の終わりぐらいまで生きておられた方です。

彼は高知出身で私は徳島出身ですけれども、東京帝国《ていこく》大学法科大学の政治学科卒業なので、私の大学の先輩《せんぱい》に当たる方ではあります。

大学を出て外務省に入り、スウェーデン公使や外務次官、イタリア大使などを歴任し、一九三六年には駐英《ちゅうえい》大使に就任していました。そして、一九三九年に退官しています。

日本が戦時体制を強化していく段階で、彼はだんだん中心から外されていったのではないかと思います。

彼の考え方としては、「親英国」というか、「親英路線」で、英国紳士《しんし》のようなところもあったので、時の政権が英米と対決する方向にどんどん進んでいくことに対しては、あまり快《こころよ》く思っていなかったのではないでしょうか。そのため、早めに〝干《ほ》された〟のではないかと思います。

ところが、戦後、それが引っ繰《く》り返りました。「鬼畜米英《きちくべいえい》と対決する」と言っていた政権が潰《つぶ》れ、マッカーサーに占領《せんりょう》されたあとは、その考え方に反対していた勢力のほうが浮上《ふじょう》してきます。それは当然のことでしょう。

吉田茂は東久邇宮《ひがしくにのみや》内閣や幣原《しではら》内閣で外務大臣を務めたあと、一九四六年に鳩山一郎《はとやまいちろう》の後任として日本自由党総裁への就任を受諾《じゅだく》し、総理大臣になり、在任中に「日本国憲法の公布・施行《しこう》」や「農地改革」を実施《じっし》しています。

そのあと、一九四八年から一九五四年にかけて民主自由党総裁、後《のち》には自由党総裁として、第二次から第五次吉田内閣を組閣して、親米政策を推進しました。

一九五一年には「サンフランシスコ平和条約」を締《てい》結《けつ》し、日本の主権回復を実現しました。

一九五三年には、衆議院で「バカヤロー解散」(注。吉田首相が国会で質問者に「バカヤロー」と言ったことが問題となり、内閣不信任案が可決されたため、吉田首相は衆議院を解散した)と言われるものをやりました。これについては日本史の教科書で読んだ覚えがあります。

サンフランシスコ平和条約の文書に調印する吉田茂首相(アメリカ・サンフランシスコ、1951年9月8日)。

彼は戦後の大きな方針を固めた方ではあるのですが、国会で「バカヤロー」と叫《さけ》んでしまい、解散に追い込《こ》まれたのです。

そのため、「人格や品性においては、やや問題がある」という感じに受け取られてはいたのですが、「偉《えら》い人なのだろう」と思っている人は多かったかと思います。

一九五四年、「造船疑獄《ぎごく》事件」で指揮権を発動し、批判が強まったため首相を辞職しましたが、一九六七年に没《ぼっ》するまでの間、元老《げんろう》的存在として影響力《えいきょうりょく》を持ち続けていました。奥《おく》さんが亡くなったあとは、芸者で後に事実上の後妻《ごさい》となった小《こ》りんという方が、大磯《おおいそ》の吉田茂の自宅で彼のお世話をしていて、彼は大磯まで車で帰っていたそうです。

一九四七年以来、衆議院議員に七回当選しています。選挙区は高知県全県区です。葬儀《そうぎ》は国葬で行われました。

## 「吉田学校」から数々の首相を輩出《はいしゅつ》

吉田茂は「政治家らしい政治家」と言われており、「吉田学校」という言葉もあって、教え子に当たる政治家たちが数多くいます。戦後、自由民主党による政治が四十年ぐらい続いたと思うのですが、「吉田学校の教え子たちが次々と総理になった」と言われていました。池田勇人《いけだはやと》や佐藤栄作《さとうえいさく》などが有名です。

吉田茂は「親米・保守」の立場を取って、戦後の礎《いしずえ》を築きました。麻生太郎《あそうたろう》元首相、今の副総理の祖父に当たる人です。

客観的には、日本では〝偉い人〟だと思われているでしょうし、この人が、戦後、首相になって、日本の主権の回復もしたのです。

## 3　戦後政治の「正しさ」とは何だったのか

### 現在の北朝鮮《きたちょうせん》危機の源流、一九五〇年の朝鮮戦争

大川隆法　一九四九年に毛沢東《もうたくとう》の中華《ちゅうか》人民共和国が立ち、そのあと、一九五〇年から数年間、南北朝鮮《ちょうせん》の朝鮮戦争がありました。

北朝鮮のほうから韓国《かんこく》に攻め込《せこ》んだのですが、韓国軍や米軍は、一時期、釜山《プサン》辺りまで北朝鮮に攻め込まれました。北朝鮮の軍には中国軍も混ざっていたのです。そのため、韓国軍は朝鮮半島から追い落とされる寸前まで行ったのですが、国連軍も入って押《お》し戻《もど》し、三十八度線で「休戦」というかたちになりました。

つまり、戦争が終わったわけではなく、〝休んで〟いる状況《じょうきょう》です。それが六十数年続いている状態です。

今、北朝鮮は「先軍政治《せんぐん》」をどんどん進めていて、原爆《げんばく》や水爆、弾道《だんどう》ミサイル等を開発し、ミサイルで日本列島越《ご》えをやり、アメリカまで恫喝《どうかつ》しています。

それに対して、「アメリカは、外交や国連による制裁だけで〝我慢《がまん》〟し、北朝鮮が諦《あきら》めるのを待つのか。それとも実力行使に踏《ふ》み切るのか」というようなことが、今、読まれているところです。日本が解散・総選挙の状態に入ったので、アメリカは、もう少し待つのでしょうか。

それから、二週間ぐらいあとになりますが、十月十八日から、中国では、「習近《しゅうきん》平《ぺい》の指導体制が〝延長戦〟に入るかどうか」に関する党大会（中国共産党全国代表大会）が行われるので、「これが終わってから、戦争になるのではないか」という説もあります。

今日は十月五日ですが、「十月十日は北朝鮮の記念日（朝鮮労働党創建記念日）でもあるので、そのころに、また、核《かく》実験やミサイル発射実験等が行われて、アメリカが、しびれを切らして動くかもしれない」という考えもあります。

## 選挙前のドタバタに、戦後体制の崩壊《ほうかい》を見る

日本の政治はというと、今、民進党は分裂《ぶんれつ》に入っています。

「安倍《あべ》自民」と「公明」の連立でいくのでしょうか。小池《こいけ》さんが主導している「希望の党」が連立していくのでしょうか。民進党の左派が分かれた「立憲民主党」と、「社民党」や「共産党」等、左派のほうをまとめていくのでしょうか。

また、無所属になった人もかなりいるので、けっこう乱れてはいます。

これは、結局、「戦後政治の正しさとは何だったか」の問題です。

私の学生時代というか、小・中・高あたりでは、「吉田茂は賢《かしこ》くて、よい判断をした。『日本の国防をアメリカに任す』ということで、日本は、ほとんど軽武装で戦う気がなく、憲法九条を護《まも》っていれば、戦争は起きないし、万一《まんいつ》のときには、アメリカが核の傘《かさ》で守ってくれる」というようなかたちで習いました。

日本はずっとそれでやってきたのですが、今、北朝鮮が、「ミサイルでグアムやハワイを狙《ねら》うし、アメリカ本土も狙うぞ」という姿勢を示し、アメリカを露骨《ろこつ》に挑《ちょう》発《はつ》している状況です。

これまで、「日本の戦後体制が崩《くず》れるかどうか。その体制は、はたして正しかったのかどうか」ということについて、マスコミのほうからは疑問がまったく出なかったのですが、今、それが出てきつつあるところかと思います。

## 4　国是《こくぜ》を変えるのに、今、何が必要なのか

### 言葉ゴマカシ選挙ではなく、危機のリーダーシップを

大川隆法　今回、なぜ吉田茂の霊《れい》が出てきたのかは私にも分かりません。

ただ、最新作の『危機のリーダーシップ』（前掲《ぜんけい》）の「まえがき」に、私は、「日本列島越《ご》えの核《かく》ミサイル実験を続ける国は、国家としての存続を認めない。危機のリーダーは、強い信念と、勇断が求められる。烏合《うごう》の衆《しゅう》など相手にしてはいけない」ということを書いています。

また、「あとがき」にも、次のように、かなり厳しいことを書きました。

「北朝鮮《きたちょうせん》や中国のまがいもののような精神国家に転落した日本。科学技術では北朝鮮に追い越され、国の経済では中国に逆転され、おそまきながら、ファシズム的

国家社会主義をまねようとしている日本。報道されている政党は、ファシズムの二番煎《せん》じ（安倍《あべ》自民、小池《こいけ》新党）とスターリニズムの亜流《ありゅう》（共産、社民、立憲民主など）、権力にすりよる反日蓮《にちれん》主義政党（公明）などである。

神仏の心を心とした、清潔で勇断できる政党が今の日本には必要である。今、日本で、『危機のリーダーシップ』をとっているのは、幸福実現党ただ一つである。

よく眼《まなこ》を開いて、真実の実相を観《み》よ。

真のヒーローには名前も、名誉《めいよ》も、地位も必要ない。ただ、民衆への真実の愛だけは、時代の空気を貫《つらぬ》いて、厳然として存在しなくてはならない」

このように、かなりはっきりしたことを言っています。

つまり、「一時的に何とかしのげば、元どおりにやれる」という考えを取っておらず、「もう国の体制を変えるべきだ」という考え方が、はっきり出てきているわけです。

こういった幸福実現党や幸福の科学の政治的主張に対して、マスコミは、いつものとおり、基本的には〝黙殺権《もくさつけん》〟を行使しています。

今、政党が分裂《ぶんれつ》して、〝小さな政党〟が幾《いく》つか生まれ、無所属の人もたくさん出てきています。そういうものについては報道しますが、幸福実現党については基本的に報道しません。幸福実現党に関する記事は、スポーツ紙と一部の地方紙に出る程度です。

大きな流れのなかから幸福実現党を外して報道し、「希望の党対自民党」とか、「リベラル派がどうするか」とか、だいたい、そのような議論をしています。

マスコミは、「黙殺しているうちに、幸福実現党が消えてくれれば、今までどおり、うまくいくのではないか」と考えているのでしょうか。そして、「ミサイルが飛んだりしたら、そのときには、空襲警報《くうしゅう》のように、ドタバタしている」ということでしょうか。ただ、「それは安倍首相が煽《あお》っているのだ」という言い方もありますが。

それから、この時期に裁判所では原発の再稼働《さいかどう》を認める判決が出始めているのですが、逆に、「原発ゼロ」を強く言っている政党もあります。「改革保守」ということを言っている小池さんの「希望の党」は、「二〇三〇年までに原発をゼロにする」と言ったりもしていますが、左翼《さよく》系の勢力を集めようとしているのではないかと思います。

結局、日本は、戦後、吉田茂が敷《し》いた路線をずっと走っていて、もう七十年近く走っているわけです。

しかし、吉田茂が敷き、そのあと、「安保《あんぽ》改定」で岸信介《きしのぶすけ》が敷いた、「アメリカに追随《ついずい》していれば、日本は、軍事的なものについては何もしなくてもいけるのだ」という考え方は、正しかったのでしょうか。

今日の昼、吉田茂の霊が来て、少しやり取りをしました。前回の霊言《れいげん》では、自分が死んだことを分かっていなかったのですが、今回、それについては知っているようでした。

彼が言っていたのは、「戦後、教科書もそうだし、マスコミもそうだし、国民的にもそうだけれども、『吉田茂が選んだ平和主義路線の結果、日本は繁栄《はんえい》したのだ』という考え方は、かなり信任されていた」ということです。

「長らく自民党もだいたいそういう考えで来ていたのが、今、そうした考えは〝左〟のリベラルの考え方に見られつつあって、〝右〟のほうがだいぶ強くなってきているのではないか。そのあたりについてはどうなのか」。

そして、向こう（彼）からの〝逆ギレ〟したような質問としては、「正しいことを判断したというのなら、なぜ、私が天国に還《かえ》れないのか、それを、あなたがたは宗教として理論的に立証してくれ。正しいことをやった人が、なぜ、地獄《じごく》にいるのかが分からない」というところですね。

## 「国を弱くする人」が受賞しがちなノーベル平和賞

現在、今年度の各ノーベル賞が発表されつつあります。その報道のなかで知ったこととしては、誰《だれ》にノーベル賞を授与《じゅよ》するかという議論の過程は五十年後に公開されるのですが、それによれば「吉田茂がノーベル平和賞の最終候補の選考に残っていた」ということです。

「吉田茂は、本当は非武装中立まで考えており、アジア全体を非武装地帯にしていきたいという流れを持っていたのではないか。それは、ノーベル平和賞に匹敵《ひってき》する考え方ではあったものの、最終的に受賞を逃《のが》した」というようなことが言われていました。

ただ、ノーベル平和賞というのは、〝国を弱くするような考えを持った人〟によく授与される傾向《けいこう》があるので、少々問題がないわけではないのです。

## 5　吉田茂が地獄《じごく》にいる理由を検証する

### 次の「世界の主軸《しゅじく》」は、どこが担《にな》うのか

大川隆法　もちろん、日本が武装強化をしなければ、朝鮮《ちょうせん》半島や中国やロシア等も安心であることは事実でしょうけれども、アジア全体や世界的な軸《じく》から見て、それが正しいかどうかという点については、また問題があるのではないでしょうか。

アメリカはトランプ政権になってから昔のアメリカに戻《もど》りつつありますし、イギリスのほうも、先般《せんぱん》、メイ首相が訪日し安倍《あべ》首相との会談後、「自衛隊との共同訓練等をやりたい」などと言っているので、英・米が、日本と共に軸をつくろうとする流れが始まりつつあると思われます。

すなわち、イギリスがＥＵから離脱《りだつ》しようとしているさなか、英・米・日あたり

の国が接近しようとしている流れがあるのではないか。そういった考え方が次の主軸として世界を引っ張ろうとしていくのか。それとも、中国を中心としたアジア発信のものが次の覇権《はけん》大国になるのか。ロシアがその混乱要因になるのか。あるいは、ＥＵが盛り返すのか。

そのように、いろいろな力関係が動いているところです。

## 今、払《はら》われている「戦後平和主義」の代償《だいしょう》

吉田茂は、「なぜ、わしが間違《まちが》っていると言うのか。それを宗教的にちゃんと立証してくれ」とおっしゃるので、ある種の挑戦《ちょうせん》でしょう。

外には公開していないものの、実は、少し前にも吉田茂の霊《れい》が来たことがありました。そのときは、「わしが間違ったのかなあ」というようなことを言ってはいたのです。

今の政治においては、いろいろと戦いが起きている時期ですから、もし、吉田茂

的な考えが間違っているというのであれば、幸福実現党の考えをもっと表に出さなければいけないところでしょう。しかし、テレビや新聞がそれを出さないということは、書いている人たち自身も、戦後の吉田茂的なものをそのまま勉強してきたのでしょうから、「戦後体制は正しい」と思い込《こ》んでいるのかもしれません。

例えば、長い間、「GNP（国民総生産）の一パーセント以上は防衛費を出さない」という考えが続いてきました。今、日本の防衛費は約五兆円ですが、アメリカのほうはその十倍以上あります。場合によっては、トランプ大統領は防衛費を六十兆円台から七十数兆円ぐらいにまでしようとしているようですけれども、日本の十倍以上の予算があるわけです。そのあたりの考え方もあります。

また、幸福実現党というものが、「ほとんど報道はされないけれども、掻《か》き回していているように見えているのかどうか」というようなところもあるでしょう。

そのようなわけで、今日は、「戦後平和主義の代償《だいしょう》とは何だったのか」というところを出せればよいかと思います。

（質問者に）論客《ろんきゃく》はいるので、そのあたりのことについて迫《せま》ってみてください。私は幸福実現党の総裁でもありますので、これ以上は自分の考えを述べないことにして、迷える吉田茂の言葉をお伝えすることにします。

よく勉強されているみなさんがたで、「いったい、何をどう考えるべきなのか、変えるべきなのか」というところについて、本人が納得《なっとく》するところまでやってくだされば、今の政治が混乱している部分に筋《すじ》を通す問題になると思うのです。これは、マスコミも説得されていないところかと思います。

それでは、元首相・吉田茂の霊《れい》よ。元首相・吉田茂の霊よ。

幸福の科学に降りたまいて、今、考えておられること、言いたいこと、悩《なや》んでいること、あるいは、今、日本の政治に言いたいこと、諸外国に言いたいこと等ありましたら、責任ある立場にあった者としてのご意見をお述べくだされば幸いです。

（約五秒間の沈黙《ちんもく》）

吉田茂（1878 ～ 1967）

父親である竹内綱《たけうちつな》が反政府活動で逮捕されたため、横浜の貿易商・吉田健三《けんぞう》の養子となる。1906 年に東京帝国大学法科大学を卒業した後、外務省に入省。戦中は終戦策を模索していたため一時投獄されるが、戦後になると、逆に「反軍部」だったとして信用を得る。

1946 年、大日本帝国憲法下における最後の首相に就任。47 年の日本国憲法施行後は、第 5 次に及ぶ「吉田内閣」を組閣し、51 年の「サンフランシスコ平和条約」「日米安保条約」の締結をはじめ、教育基本法や労働組合法、公職選挙法、自衛隊法などを公布。戦後日本の基本路線を敷いた。

特に、外交においては、「憲法九条の制限のなかで、安全保障の確保はアメリカに頼って軽武装を維持し、経済復興と発展を最優先させる」という国家戦略、通称「吉田ドクトリン」を打ち出す。1950 年に朝鮮戦争が起きると、アメリカは再三にわたって「日本の再軍備」を求めたが、吉田首相はこれを拒否。結果的に、この判断で日本は貿易や国内の開発に集中でき、経済大国への道が拓けたとして評価する声も多いが、戦後の防衛軽視の流れも、ここで生まれた。

「吉田学校」と称されるほど数多くの後進を育て、引退後も、元老として政界に多大な影響力を発揮した。

# 検証①　戦後日本の「本尊《ほんぞん》」と「基本教義」とは

## 天国に還《かえ》れない理由をしきりに尋《たず》ねてきた吉田茂

吉田茂　（深く息を吸い込《こ》む）ゴホン（咳《せき》をする）。

酒井　こんにちは。

吉田茂　うーん。

酒井　先ほど、大川隆法総裁もおっしゃっていたように、あなたがお昼に来られて、「天国に還《かえ》れない理由を論証してくれ」と。

吉田茂　まあ、ちょっと、出だしが悪いね。

酒井　いえ、いえ。

吉田茂　その出だしは、あまり、ウェルカムじゃないなあ。

酒井　いや、ただ、先ほどの（あなたの霊言《れいげん》の）結論はそういうことだったので。

吉田茂　そらあ、そうだけど、あれは非公式のものだからなあ。

酒井　ええ。それで、これから話を始めていきたいと思いますが、お昼の話のなかでは、「おまえたち（幸福実現党）は、日本を誤った方向に引っ張っていこうとしている」というように……。

吉田茂　うーん……。

酒井　あの世なのか、まだあの世に還れていないのか、そこは分かりませんが、そういうところから、「『幸福実現党が危ない道を勧《すす》めているから注意してくれ』と言われている」とおっしゃっていたんですけれども。

吉田茂　いやあ、安倍《あべ》君は〝軽量級〟だからね、それは、「空気みたいに、浮雲《うきぐも》みたいに流される」っていうことはあるだろうとは思うけどさあ。大川隆法っていうのはな、〝徳島から出た吉田茂〟みたいな人なんだから、それは、そんな〝軽量級〟みたいに流されてはいかんのであって、やっぱり、不動の信念を持ってなきゃいかんのじゃないかなあ。

酒井　大川総裁については、かなり情報を収集されているわけですね？

吉田茂　うーん、まあなあ……。いやあ、土佐《とさ》で偉《えら》いのは、坂本龍馬《さかもとりょうま》と、坂本龍馬を超《こ》えた吉田茂だけだけれども。

酒井　うーん……。

吉田茂　徳島県は大川隆法しかいないし……。

酒井　はい。

吉田茂　香川《かがわ》県は空海《くうかい》しかいないので。四国の人材は、だいたいそんなもんだよな。

酒井　うーん……。

# 戦後日本の「本尊《ほんぞん》」は吉田茂、「教義」は憲法九条だ

酒井　前回の霊言（前掲《ぜんけい》『マッカーサー 戦後65年目の証言――マッカーサー・吉田茂・山本五十六《やまもといそろく》・鳩山一郎《はとやまいちろう》の霊言――』参照）で、私も質問させていただいたんですけれども……。

吉田茂　ああ、そうなの。君、いたの。

酒井　はい。

吉田茂　ふうーん。

酒井　では、そこからは、かなり心境は変化はされているんですね？
吉田茂　いやあ、ちょっとだけ、よく〝目が見える〟ようになったかな。
酒井　ああ……。見えるようになってこられた？
吉田茂　うーん。まあ、ちょっとな。うーん、もう（麻生《あそう》）太郎《たろう》が年取ってなあ。
酒井　そうですね。
吉田茂　そろそろ危ないよなあ、あんな感じになったら。

酒井　はい。それで、少し前に出てこられて、そのときあなたは、「戦後体制に向けての考え方を間違《まちが》ったのかな」というように出てこられていたんです。
そして、今回、戦後路線について、また肯定《こうてい》し始められているのですが、このあたりの心境の変化は、なぜ起きているのでしょうか。

吉田茂　「憲法九条」が戦後の〝基本教義〟だったら、〝御本尊《ごほんぞん》〟は吉田茂だろうよ。

酒井　うん、うん、うん。

吉田茂　だろう？　戦後政治の〝御本尊〟は、わしじゃないの？

酒井　なるほど。

吉田茂　それが正しいのか、正しくないのか……。

酒井　そうですね。では、そのあたりから。

吉田茂　〝偽本尊《にせ》〟かどうかは、そらあ、ものすごい大事なことなんじゃないの？

「憲法九条」で侵略《しんりゃく》できない日本は、「国際連合」が守ってくれる？

酒井　では、「憲法九条」あたりから入っていきたいと思います。

綾織　「不動の信念」という言葉を使われていましたが、「九条を変えてはいけない」という意味合いでの不動の信念なのでしょうか。

吉田茂　九条をそのままにしておいたら、戦争に巻き込まれたときは、相手が侵略《しんりゃく》したんであって、日本は侵略したことにはならねえからなあ。

綾織　それは、侵略されてしまえば、日本としてはやられっぱなしですよ（苦笑）。

吉田茂　それをさせないために、戦後、「国連（国際連合）」っていうのができたんじゃないの？

綾織　国連が守ってくれる？

吉田茂　「国連に基《もと》づいて世界の正義を判断して、国連軍を出して解決する」っていう。国際連盟で失敗したやつを二度と起こさないように、国連主義でやったんじゃないの？

綾織　国連軍が成り立ったのは、まさに朝鮮《ちょうせん》戦争ぐらいで、あとはまったく機能しなかったわけですよね。

吉田茂　うん、まあ、機能はしなかった……。うーん……。

綾織　「そうした〝国連頼《だの》み〟を、今やったほうがいい」ということなのでしょうか。

吉田茂　マッカーサーがね、「再軍備しろ」と言ってきたけど、やっぱり、ついこの前、〝丸裸《まるはだか》〟にしておいてさあ、それですぐ「再軍備」っていっても、それはそう言ったって急には呑《の》めんよなあ。

「日本は、凶暴《きょうぼう》な軍隊を持って、天皇信仰《しんこう》の下《もと》に、カルト的に信仰で突《つ》っ込んでくる」、あの恐怖《きょうふ》はアメリカもさんざん思い知らされた。もう、もう二度と結構だから、〝丸裸〟にして、インディアン……、まあ、（アメリカは）インディアンの経験があるからなあ。

綾織　占領《せんりょう》時代の初めはそうでしたけれども、朝鮮戦争のときに、「軍備をきちんと持ったほうがいい。自分たちの国は守ったほうがいい」ということを、マッカーサーはおっしゃいましたよね？

吉田茂　だけど、国連にさあ、常任理事国でアメリカと中国が入っていて。それで、（朝鮮が）南北で分かれて、北から中国が入って、南はアメリカ軍を中心とする国連軍でやっても、これは、結局、国連が割れとるわけだから。まあ、「三十八度線で止まって、そのまま現状維持《いじ》で」と。もう、しかたないじゃないの。

だから、中国が今、変化して、アメリカと一緒《いっしょ》になって、これを、「北朝鮮は悪い」っておっしゃるなら、国連軍としては……、まあ、ロシアがまだあるからな。意見がまとまるかもしらんが。

## 「朝鮮《ちょうせん》戦争のときの判断は正しかった」と主張する吉田茂

綾織　仮に、朝鮮《ちょうせん》戦争のときの「憲法九条を変えない」という判断が正しかったとして、その後、もう六十数年たっていますが、「今もその判断を維持している」というお考えなんですね？

吉田茂　うーん……。だけどなあ、先の大戦で、日本は軍人と、民間人も入っているかもしらんが、三百万人ぐらいは死んだんじゃないかとは思うし。

綾織　はい。

吉田茂　日本が巻き起こした戦争によってな、このアジア太平洋地区では、「二千万人ぐらい死んだんじゃないか」と言われてはいるわけよね。だから、そういう大きな戦争をやったから、その反省上、「非武装化して平和を誓《ちか》う」というのは、これは常識的にはおかしいことではなかったわけよ。
　朝鮮戦争っていうのは、日本の終戦後、わずか五年で起きてるからね。もう焼け野原になって、立ち直ろうとしてやってるところだったけど、五年後の一九五〇年に起きてる。この朝鮮戦争で、南北（朝鮮）と、米国や国連系や中国の人も含《ふく》めて、死者は、たぶん二百万人は行ってるんじゃないかと思うんだけどね。

綾織　はい。

吉田茂　だから、私らは（先の大戦で）三百万人死んだはずだけど、（朝鮮戦争で）二百万人死んだなかに日本人が入っていないわけだから。これは、やっぱり、「戦争に協力しなかった」っていうことによって、日本人は一人も死んでいない。死んだ人が一人もいないかどうかはちょっと分からんけど、基本的には死んでいないわけで。やっぱり、「巻き込まれない」ってことだよね？

戦後のね、日本の政治でも、ずっと「米軍に協力しない。巻き込まれないでやる」ということをやったために、「公式に、戦闘《せんとう》で自衛官等が死んだ」ということは、ほとんどないわな。事故とか、いろいろあるかもしらんけども。

それが今、安倍君のねえ、「アメリカと共同戦線を組んで戦う」というスタイルになってから、「いや、これは、本格的に戦争に巻き込まれる可能性が出てきた」ということが、今、新聞等、マスコミが言うとることなんだろう？

いやあ、だけど、先の戦争（朝鮮戦争）をやったら、二百万人死んでるからね、それだけでも。だから、「核《かく》戦争ということになると、もっと行くかもしらん」っていうことで、それは国としては大きい判断だよ。


「日本は、もう一回占領《せんりょう》されたらいい」

綾織　そうした「第二次朝鮮戦争」が起きんとしているとします。

そのときに、以前の朝鮮戦争と同じ判断をしたとしても、もうすでに、北朝鮮は日本に届くミサイルをたくさん持っていますし、「核も搭載《とうさい》できるであろう」という状態になっています。

吉田茂　うん、うん。

綾織　ですから、「一九五〇年あたりの判断を今に持ってくる」というのは、やはりおかしいと思いませんか。

吉田茂　まあ、米軍基地が日本にたくさんあるんだからさあ。

綾織　はい。

吉田茂　いる以上は、何か仕事をするだろうよ。したらいいんじゃない、米軍が。仕事しないなら要《い》らないいんだからさ。そのときは、米軍基地を撤去《てっきょ》してもらったらいいよ。

綾織　北朝鮮の狙《ねら》いとしては、「朝鮮戦争のときには米軍がやってきてさんざんやられてしまったので、米軍を封《ふう》じ込めたい。日本の米軍基地も必ず攻撃《こうげき》する」というつもりでやっているわけで、そのなかに、日本の基地も自衛隊の基地も入ってくると思うのですけれども、「そういう事態になれば一人も死なない」というわけにはいかないですよね。

吉田茂　君のところ（月刊「ザ・リバティ」二〇一七年九月号）だなあ？「自衛隊の弾薬《だんやく》は三日で尽《つ》きるだろう」と言うとるのは、君のところじゃないのか？ええ？

綾織　それは問題提起ですよね。

吉田茂　三日で弾薬が尽きるんなら、もうしょうがないじゃん。三日で降伏《こうふく》じゃない？

綾織　まあ、中国が、いわゆる「飽和《ほうわ》攻撃」といって、「ショート・シャープ・ウォー」、短期の戦争を仕掛《しか》けてきた場合はそうなると予想されます。

吉田茂　「三日で終わる。弾《たま》がなくなる」というんだったら、しょうがないじゃん、そんな。うん？

綾織　ただ、北朝鮮が相手の場合は、必ずしもそうではないと思います。

吉田茂　早くていいじゃないか。三日で弾がなくなって戦えなくなったら、もう今、マスコミが心配してる原子力発電所を攻撃するまでもなく、終わってしまうじゃない。もう一回、占領《せんりょう》されて、もう一回、〝戦後〟をやったらいいじゃない。

綾織　そういうお考えなんですね？

吉田茂　うん、うん。まあ、楽だよ。

綾織　「占領されていい」と。

吉田茂　うん。占領されたらいいんじゃない？

綾織　ほう。

吉田茂　それから、いよいよ、みんな剣道場《けんどうじょう》に通って、剣道の練習をして、竹槍《たけやり》の練習をして、刀鍛冶《かたなかじ》が日本刀をつくって、それから、占領してきた北朝鮮軍を暗殺にかかるんだ、君らが覆面《ふくめん》してな。「ＩＳ（イスラム国）」みたいになるんだよ。それでいいんだよ。

## 検証② 国家指導者としての「判断精度」

### 朝鮮《ちょうせん》戦争時の判断は正しかったのか

大川裕太　本日はお越《こ》しくださって、ありがとうございます。

吉田茂　うん。

大川裕太　今、「朝鮮《ちょうせん》戦争のときに、日本が平和憲法を持っていたから戦争に巻き込《こ》まれないで済んだ」というお話がありました。

戦後、十年程度しかたっていない段階で、まるで朝鮮のことを他人事《ひとごと》のようにおっしゃっていましたけれども、もともと、朝鮮は日本の植民地で、大日本帝国《ていこく》の一部でした。

そういう意味で、旧宗主国《そうしゅこく》の首相として、「朝鮮の治安や安全保障に関して、日本人がまったく関心を持たない」ということを、よいことだとお考えなのでしょうか。

**吉田茂**　いや、いや。だから、日本があれほど徹底的《てってい》に爆撃《ばくげき》されて、焼け野原にされた理由の一つとしては、やっぱり、「朝鮮半島を三十五年以上支配していたのは、有色人種のくせに生意気《なまいき》だ」っていうことがあるわけで。そのあと、「中国本土を占領《せんりょう》しようとした。侵略《しんりゃく》主義者だ」ということで、コテンパンにやられたわけだから。「朝鮮半島にはかかわりたくない」っていうのが、戦後の当時の本心だよ。

**大川裕太**　いや、終戦直後の段階では、そうした吉田首相の考え方は、まだそれほど一般《いっぱん》的ではなかったのではないかと思います。

加えて、朝鮮戦争が起きた原因というのは、「当初、アメリカが、朝鮮半島の防衛に意欲を示さなかったためだ」というのが通説でございます。

吉田茂　うん、うーん。

大川裕太　トルーマン政権の国務長官、ディーン・アチソンが、アメリカが共産圏《けん》から防衛する地域の防衛線（アチソン・ライン）を発表したときに、「朝鮮半島がそこに含《ふく》まれていなかった」ということで、ソ連のほうは、「朝鮮半島を制圧しても、おそらくアメリカは反撃してこないだろう」と考えたと……。

吉田茂　〝日本の番犬〟様のアメリカがねえ、どういうご本心かは、そらあ分からんけどさあ。日本は戦争前はね、日独伊《にちどくい》三国同盟を結んでね、反共・防共同盟だったんだから。

それが戦後になってから、急に共産主義が日本にも広がったけれども、アメリカの「マッカーシズム」みたいなのも吹《ふ》き荒《あ》れてさ。急に反共、〝赤狩《あかが》り〟がすごく強くなってきて、「共産主義と戦う」というあれになってきたわけだから。そらあ、向こう様のご都合《つごう》で変わったんで。

だから、もし、それも反共・防共が正しかったんなら、戦前の日本とイタリアとドイツが正しかったんだろうから（笑）。

**大川裕太**　そうですね。でも、日本が統治していたときには、朝鮮半島で殺し合いはなかったわけなんですよね。「それをどう評価するか」ということだと思います。

**吉田茂**　いやあ、でも、〝遠い国〟だから。あちら（アメリカ）から見たら〝遠い国〟だからねえ。だから、「自分らが黒人奴隷《どれい》、アフリカ奴隷をこき使ったような、ひどいことをやっとったんだろう」というふうに、思うとったぐらいは思うとった

●マッカーシズム　1950年代に、アメリカ上院議員であるジョセフ・マッカーシーを中心に行われた反共産主義運動。赤狩り。共産主義者と疑われた政治家や文化人が攻撃された。

だろうね。そんな感じで「差別してる」と思っとったんじゃないかなあ。

大川裕太　「朝鮮半島の内戦が起きたのも、ひとえに日本の責任。最後、朝鮮の独立後、軌道《きどう》に乗せるところまで支えていこうとしなかった日本の責任なんじゃないか」と言われてもしかたがないと。

吉田茂　そう言うたってさあ、(日本は)あれだけ悪人扱《あつか》いされた国家だからね。日本の主要な人は、もうみんな……。君ねえ、私の知ってる人たちが、みんな絞首《こうしゅ》刑《けい》になったわけですからね。

私は、政府にしてみりゃ、ちょっと〝いごっそう〟(頑固者《がんこもの》)っていうか、そういう意見を言うような性格だったために、生き延びたけどさあ。

本当は、ソ連大使もしてたし総理大臣もやった廣田弘毅《ひろたこうき》なんかも、反戦のほうが本心に近かったはずなのに、そんな人までA級戦犯《せんぱん》で死刑にされてるからさあ。あ

●廣田弘毅(1878～1948)　第32代総理大臣。戦後の極東軍事裁判で、文官としてはただ一人、A級戦犯として処刑された。『「首相公邸の幽霊」の正体』(幸福の科学出版刊)参照。

れは恐《おそ》ろしい時代で……。

## 吉田茂は「第二次大戦の正義」をどう判断したか

酒井　少し話を原点のところに戻《もど》しますと、吉田茂元首相は、太平洋戦争については、アメリカと日本のどちらに正義があったんだと思われているんですか。

吉田茂　いやあ、あなたねえ……。アッハ、ハハハ（笑）、あなた、駐英《ちゅうえい》大使をやっている人間は、戦争をやられたら、たまったもんじゃないですからねえ（笑）。もう、こちらは戦々恐々《せんせんきょうきょう》でしたよ。だから……。

酒井　ただ、「正義」という観点で見てみると……。

吉田茂　うん？　いやあ、正義は分からんよ。でも、好き嫌《きら》いとしてはねえ、それはイギリスにいたから、ナチスのほうが悪く見えてたのは事実ですよ、私のほうにはね。

酒井　そうすると日本は？

吉田茂　だから、イタリアやドイツと同盟を結んだ段階で、「日本の敗戦」は確定してたんじゃないかねえ。私なんかの目には、そう見えとったがなあ。

酒井　「勝つ、負ける」というのは、いいですから。

吉田茂　よくないよ。国家にとってはよくないことだよ。

酒井　いや、いや。「勝つ、負ける」というのは置いておいてですよ……。

吉田茂　うん、うん、うん。

酒井　アメリカやイギリス、連合国側が全面的に正義だったのでしょうか。正しかったのでしょうか、この戦いは。

吉田茂　だから、「戦後七十年間」は、そういう思想だよなあ。

酒井　戦後ではなくて、あなた自身はどう思っているんですか。

吉田茂　まあ、ドイツがやったのはユダヤ人……。まあ、戦争は両方、善も悪もあるから、ちょっと分かりにくいんだけれども、ナチスなんかの「ゲットー（強制収容所）」とか、「皆殺《みなごろ》し」、「毒ガス」のあれとか見たら、少なくとも許せることではなかろうから。それは一つの象徴《しょうちょう》ではあるけども、やっぱり、「過激な侵略思想は持っとったんじゃないかなあ」とは思うけどねえ。

酒井　日本が、ですか？

吉田茂　いや、いや、ドイツがね。

酒井　ドイツ……。

吉田茂　だから、「それと組もうとした日本というのは、やっぱり、同質のものだと思われとった」っていうところはあったし。

本当は、アメリカの世界恐慌《きょうこう》の影響《えいきょう》を受けて、日本は不況《ふきょう》が続いてさあ、それで満蒙《まんもう》に道を拓《ひら》こうとした。まあ、満州《まんしゅう》は、いろいろと土地もあるし、移民も行ってねえ。で、食糧《しょくりょう》とか原料等も手に入れて、資源のない日本がなあ、もう一回、生き延びるためにやろうとしたのは分かってる。

それで、石油がないから、今度はインドネシアとかねえ、マレーシア、シンガポール、そちらのほうに行った。まあ、それは分かるけどさあ。分かるけど、どうなんだろう?

まあ、どちらとも言えないけど。うーん……、世界恐慌をつくったのはアメリカが原因だから、「アメリカが悪い」と言えば悪いんだけど。うーん……。

## 検証③ 吉田茂の日本観

### 戦中の贖罪《しょくざい》のために、戦後は「平和主義」に転向したのか

大川裕太 いちおう確認ですけれども、吉田茂元首相は中国に赴任《ふにん》されていました。

吉田茂 ああ、最初ねえ。

大川裕太 外務省に入省され、天津《てんしん》や奉天《ほうてん》の総領事をされていらっしゃいましたが、このころは、陸軍よりもさらに過激派であり、「行け行けゴーゴー」で、中国大陸を侵略《しんりゃく》しようといった趣旨《しゅし》の発言が多かったというように言われています。

吉田茂　君、どっからそんなの仕入れてきてんだ？　今、日本の新聞にも書いてないようなことを、どっから仕入れてくるんだ、ほんとに。

大川裕太　ですので、実際には、バブル風に、日本の支配領域をどんどん広げていこうとして、中国大陸を侵略する、戦後、悪玉《あくだま》だと言われてきた政友会《せいゆうかい》寄りの考え方だったのではないかと言われているわけなんですけれども。

吉田茂　うーん……。

大川裕太　ご自身の中国大陸での侵略的な考え方に対する罪悪感があって、それを晴らすために、戦後、自虐《じぎゃく》的な方向に国を導いてしまったのではないかと、私は推測しているのですが。

吉田茂　まあ、「自分の」というより、「国家の崩壊《ほうかい》と占領《せんりょう》、および、その価値観が全部、引っ繰《く》り返されるところ」を目《ま》の当たりにした政治家が、政治家を続けるために自我《じが》を崩壊させないようにするには、もう〝宗旨《しゅうし》替《が》え〟をする以外に方法がないじゃないの。

勝ってたら、こっちが正しいんだろうと思うけどさあ。

大川裕太　八月革命説ですね。

吉田茂　負けたんだから、しょうがないじゃないの。どうしようもない。

酒井　では、「勝ったほうが正義だ」と？

吉田茂　結果的には、そうでしょうよ。

●**八月革命説**　1945年8月のポツダム宣言受諾により、主権の所在が「天皇主権」から「国民主権」に移行し、日本国憲法は、この「革命」によって新たな主権者となった国民が制定したと考える学説。憲法学者の宮沢俊義《みやざわとしよし》が唱えた。

今だって、軍事力の強い者が最後は正義を担保《たんぽ》してるんじゃないの？　弱い者はやっぱり滅《ほろ》びるよ。

酒井　その「弱い者は滅びる」という理論でいくと、軍事力がない国というのは強いんですか。

吉田茂　「軍事力のない国は強い」？

酒井　日本は？　「弱い」ですよね。

吉田茂　いや、アメリカが戦ってくれるんなら、別に構わないじゃない。

酒井　ただ、アメリカの大統領がオバマ氏になったときには、一挙に退《ひ》いていこうとしましたよね。

吉田茂　オバマなんて最近の人は、よう知らんけど。ともかく、戦後、焼け野原から、闇市《やみいち》からやって。まあ、君らは生きてないから知らんだろうけど、「ギブ・ミー・チョコレート」をやってた。パンパンが……、パンパンって分からないか。日本の若い娘《むすめ》たちやお母さんたちまで駆《か》り出して、みんな西洋風にして、ジープに乗ったGHQの人たちをあれしては、物をもらったりしていたころやから。

国民にそこまで惨《みじ》めな思いをさせた政治家としてはねえ、そんな再軍備よりも先にとにかく……。

まあ、だから、これがぶつかってるんだな。中国と北朝鮮《きたちょうせん》の先軍《せんぐん》政治っていう、「まずは、食う物が食えなくても、飢《う》え死にする人が出ても、軍事優先で、国を守らなきゃいかん」っていう思想と。われわれみたいに、徹底《てってい》的敗北で、原爆《げんばく》まで落とされて敗北して、天皇の人間宣言までやられたあとだったら、「とにかくまず、食える国、衣食住ができる国をつくる」っていう。まあ、「軍事的なことは、アメリカがいる間は特にする必要もないから」というのと。

それをやったこと自体が、そんなに間違《まちが》ってるとは思えんがなあ。

日本にはアジアの同朋《どうほう》を苦しめた〝原罪《げんざい》〟がまだある

綾織　そのあとは、どうなんですか。

吉田茂　ええ？

綾織　衣食住が充実《じゅうじつ》して、今の日本は、それよりはるか先に行っていて、豊かになっていますけれども。

吉田茂　君ね、原爆まで落とされてさあ、いちおう無条件降伏《こうふく》したあと、五年後の朝鮮戦争に参加できるか？

綾織　いやいや、「今のこと」を言っているんです。

吉田茂　今？

酒井　北朝鮮の今の情勢は認識されてはいますよね？

吉田茂　いやあ、向こうから見りゃあ、日本を占領したら、さぞかし気分がええやろねえ。三十五年間、南北とも支配されてたから、一週間でもいいから占領してみたいだろうねえ。

綾織　それを歓迎《かんげい》されるんですか。

吉田茂　いやあ、歓迎はしてないよ。歓迎はしてないけど、まあ、俺《おれ》には責任はねえから。「死刑《しけい》にするんなら、麻生太郎《あそうたろう》にしてくれ」っていうぐらいであって。

綾織　それを望まれているわけではないんですよね？

吉田茂　まあ、そんなにいいことじゃないとは思うけど。だけど、日本の軍事における、まあ、アジアの人々を苦しめたっていう（日本の）原罪《げんざい》自体が、まだ昇華《しょうか》して消えてはいないということだろうとは思うんだな。

酒井　「原罪はある」という認識なんですね？

吉田茂　「まだある」んじゃない？　日本が戦争しなければ、死ななくて済んだ人は●二千万ぐらいいた可能性があるわけだから。

酒井　では、憲法九条もつくって、安保《あんぽ》も結んでですねえ、結局、軍事力は使わずに、最小限でいけるようになったわけですよね。やはり、「経済を優先したい」という気持ちはあったんですか。

吉田茂　うーん、まあ、それもあるけど、とりあえず「ジャングルの平和」っていう大義があるわけよ。しかし、いったん狼《おおかみ》みたいなことをやってみせた日本とかドイツとかの場合は、「狼はいきなり警察には使えない。ジャングルの平和を守るための警察隊には使えないから、狼は鎖《くさり》につないでおこう」っていう、まあ、そういう意思だったろうから。

ドイツだって、原罪からまだそんなに解放されていないはずだから。まあ、これ

●二千万ぐらいいた……　新聞等で「2000万人の犠牲者」等の表現はされるものの、各国の統計に基づく資料によれば200万人前後とする見解もある。

はしかたない。ドイツと日本がなければ、世界はどれほど平和だったかっていうところはあるだろうからさあ。

酒井　本当ですか。アメリカもイギリスも、植民地をつくっていましたよね？

吉田茂　まあ、長い間な。

酒井　第二次世界大戦がなければ、その流れは止まらなかった可能性がありますよね？

吉田茂　うーん。まあ、結果論としては、そうかもしれんが……。

とにかく、世界中植民地にしてしまったから、「(植民地先が)もうなくなった」っていうことだよね。

で、最後、日本人まで出てきて。日本が植民地をつくり始めたら、まあ、自分のことは分からないが、有色人種の日本人が植民地をつくってアジアの同朋《どうほう》を差別しているのを見たら……、いやあ、このあたりで〝止まった〟と言うべきかな。地球一周して終わったということかなあ。

# 検証④　戦後日本の節目の政治決断の是非《ぜひ》

## 終戦時は電光石火《でんこうせっか》の判断をした

大川裕太　さらにお伺《うかが》いしたいのですが、吉田茂首相の功績として、保守の側から評価されているのは、アメリカ側との単独講和、つまり、「サンフランシスコ平和条約」です。

吉田茂　ああ、そこね。

大川裕太　これに関して、例えば、東大総長だった南原繁《なんばらしげる》は、「ソ連も含《ふく》めた全面講和」を望んでいたのですが……。

●単独講和　戦争終結に臨んで、複数の相手国のうちの一国と結ぶ講和のこと。サンフランシスコ平和条約においては、早期の独立を目指し、アメリカを中心とする西側諸国とだけ講和を結ぶことを意味した。

吉田茂　理屈《りくつ》ではね？

大川裕太　あなたは、彼を「曲学阿世《きょくがくあせい》の徒《と》」と評しました。そのように、南原繁や、その流れを汲《く》む●矢内原忠雄《やないはらただお》のような、戦後キリスト教左翼《さよく》知識人たちに対する、非常に厳しい批判をしていたと思うのですけれども。

吉田茂　まあ、それは評価されてる点の一つなんじゃないの。全面講和は、そんな簡単にできない。

ソ連なんかさあ、シベリア抑留《よくりゅう》で、六十万ぐらいかなんか知らんけど、日本の軍隊とかを強制労働で使ってたわけだからさ、十年ぐらい。いや、十年もじゃなかったかな？　まあ、数年か知らんけど、引っ張っていかれとったからさあ。それは悲惨《ひさん》なもんだったから、そんな簡単に講和できる状態ではなかったわなあ。

●南原繁（1889～1974）　政治学者。キリスト者。1945年12月、戦後最初の東京大学総長に就任し、1951年までの6年間を務める。戦後のサンフランシスコ平和条約締結の際に、中国やソ連などを含めた「全面講和論」を唱えた。主著『国家と宗教』『フィヒテの政治哲学』等。『南原繁「国家と宗教」の関係はどうあるべきか』（幸福の科学出版刊）参照。

大川裕太　「ソ連は悪だ」という感覚は持っていらっしゃったんですかね。

吉田茂　というより、国家が分断されることは避《さ》けようとはしたつもりなんで。「どうせ占領《せんりょう》されるなら、アメリカのほうがいいかなあ」と。分断されて、ソ連とアメリカで半分にされてたら、たぶん、この国がいわゆる朝鮮《ちょうせん》半島と同じ状態になってるから。

このへんは、わりに〝速攻《そっこう》〟でやったつもりでいるんだ。（終戦が）遅《おく》れたら、おそらく、ソ連は南下してきて、東京より北は支配された。最低でも、北海道は取られてるのは確実だから。終戦工作のところでは、電光石火《でんこうせっか》のごとく、早い判断はしたのはしたんだから。

●矢内原忠雄（1893 ～ 1961）　経済学者、植民政策学者。無教会主義者である内村鑑三の影響を受け、キリスト教信仰を深める。大戦後復帰し、東大総長（二期連続）を務める。主著『余の尊敬する人物』『イエス伝』等。『矢内原忠雄「信仰・言論弾圧・大学教育」を語る』（幸福の科学出版刊）参照。

## 吉田茂も最後は国防軍保持論を持っていたのか

綾織　その後、岸信介《きしのぶすけ》首相による安保《あんぽ》改定というものがありました。

吉田茂　うん。

綾織　吉田元首相に理解を示す言論人のなかには、「吉田茂元首相と岸信介元首相とは、考え方がそんなに変わらなかったんだ」、「吉田さんは、首相を辞《や》めたあとも、憲法九条改正や軍隊を持つことをいちおう目指していた」というように見る方もいるのですが、それは正しい見方なんでしょうか。

吉田茂　うーん。まあ、あのころは、「安保で、アメリカに守ってもらう体制をつくる」っていう路線を敷《し》いていたわけだけども。まあ、考え方としては、今起きて

●**安保改定**　共産圏に対する防衛力強化を掲げ、1957年、岸内閣によって日米安全保障条約の改定交渉が行われ始めた。1960年5月、衆議院の委員会で新条約案が強行採決され、続いて本会議を通過。その後、国会議事堂をデモ隊が連日取り囲むなど大規模な反対運動が起こるも、条約は6月に自然承認。その直後、岸内閣は退陣した。

るのと同じようなことはあったと思うんだよな。

一方、反対した人たちのなかには、まあ、それは第二次安保かもしらんけど、「ベトナムなんかで戦争をやってるような、あんなようなアメリカは支援《しえん》したくない」という、中共寄り、中国共産党寄りの人たちがいたからね。要するに、アメリカじゃなくて、中国やソ連のほうの勢力下に入ろうとしてた人たちがいたことが一つと。

それから、もし、安保をやらなければ、つまり、アメリカと、軍事同盟という性質を持ってるものを持たなかったら、日本独自で、まあ、君たちが言っているような、「自分の国は自分で守れ」っていうことを、一九六〇年でもうやらなきゃいけないところだったたな。

つまり、「自分の国は自分で守る」か、「アメリカに守ってもらう」か、あるいは、「ソ連や中国の仲間になって、反米のほうに入る」か。だいたい、この三つの路線だから、今も、そんなに大きく変わらないかもしれないねえ。

綾織　首相をお辞《や》めになったあとは、軍隊を持つ、あるいは、憲法九条改正などの動きはされなかったんですか。

吉田茂　マッカーサーがいろいろ（日本の再軍備の勧めを）やっていて、解任されるまでね、やってたけど。結局、朝鮮戦争で、アメリカ人がいっぱい死ぬから、代わりに日本人に死んでもらおうとしてたんだろうけど（笑）。

（私は）「警察予備隊」ぐらいから始めて、つまり、警察の予備軍ぐらいにして、軍隊にしないように努力して。「戦争は終わるだろう」と思って、〝ゆっくり〟やっていたところがあるんだけども。

だけど、まさか、朝鮮半島とかで、あんな軍事国家がねえ……。まあ、韓国《かんこく》も北朝鮮も、ああなると思わなかったし、中国があれだけ経済的に大国になって、核《かく》武装して、大陸間弾道弾《だんどうだん》も持つぐらいにまでなるとか、中ソの仲が悪くなるとか、こ

●警察予備隊　朝鮮戦争勃発直後の1950年、日本の警察力を補うことを目的に設けられた機関。1952年に保安隊に改編され、1954年に自衛隊となった。

んなことは、ちょっと予想がつかなかったことだなあ。

大東亜《だいとうあ》戦争の経験から、「日本は通商で繁栄《はんえい》していったほうがいい」

綾織　中国の話題が出ましたけれども、中国は今、日本に対しては核攻撃《こうげき》がいくらでもできる状態になっています。北朝鮮どころではない状態が、すでに三十年以上前からあるわけです。

吉田茂　お金を持って、日本に買い物に来てくれてるうちは、お客さんだから、あんまり言わないほうがいいんじゃないの？　日本も貿易で儲《もう》かるし。

綾織　儲かればいい？

吉田茂　いや、貿易じゃなくて、消費して金を落としてくれてるんだ。秋葉原《あきはばら》で炊《すい》飯器《はんき》を買って、銀座《ぎんざ》で偽物《にせもの》でないブランド物を探して買ってくれてるんだろう？

綾織　経済的にプラスがあれば、軍事的なことは何も言わない、と？

吉田茂　これを頼《たよ》りにしてるんじゃないの？　安倍《あべ》首相の「消費経済」とかいうのは。たぶん、中国のを拡大して、もっともっと外国人観光客を呼んで買わそうとしてるんだろう？　日本人は買わないから、財布《さいふ》の紐《ひも》がきつくて。

綾織「日本は、軽武装で、経済的に豊かになればそれでいい」という路線を、ずっと守っていくべきだというお考えなんですか。

吉田茂　いやあ、一代で、満蒙《まんもう》から中国を占領するところも経験して、そのあと、ボロボロに負けていくところも経験したんでねえ。その経験から見ると、なるべく、経済的繁栄《はんえい》のなかで、まあ、ベネチアみたいな感じで、通商で繁栄していったほうがいいかなあと思ったんだが。

## 「もう一段の軍備」を考えることができた冷戦の時期

大川裕太　戦後よく言われている考え方に、「防衛装備にかける支出を、対GNP比一パーセントという非常に少ない支出にしたことで、国民の負担が減って、インフラ投資などにお金を回すことができたので、経済発展した」というものがあります。

吉田茂　うん、うん。そう、そう。

大川裕太　吉田茂首相としても、そのお考えでよろしいですか。

●ベネチア　かつて北イタリアにあったベネチア共和国は、強力な艦隊と商船を有し、東地中海貿易によって栄えた海洋国家であった。

吉田茂　まあ、少なくとも最初のころは、軍事のあれをやるよりは、道路をつくったり、アパートをいっぱいつくったり、学校をつくったりしなきゃいけなかったからねえ。

景気がよくなってきたのが、六〇年代、七〇年代、八〇年代とどんどん続いて、池田《いけだ》（勇人《はやと》）君とかねえ、ああいうのが頑張《がんば》って、収入が上がってきて。確かに、一九八〇年代ぐらいになってくれば、それは……。

まあ、七〇年代に中国と交流ができるようになって、あと、ソ連との冷戦があったから、確かに、あのころは、「もう一段の軍備」っていうことを考えることができたのかもしれないけどねえ。冷戦のときにねえ、考えとしてはできたかもしらんけど。まあ、わしの教え子たちだったから、できんかったんかもしらんがなあ。

## 「アメリカにつくか、ソ連につくか」、吉田茂の判断

大川裕太　ちょうど私も研究させていただいたところなのですが、一九八〇年代の

日本の防衛費は、まあ、今よりGNPが少し少ないぐらいだとして、一パーセントですから、せいぜい三兆円から五兆円ぐらいのレベルなのです。ただ、日本がアメリカの国債《こくさい》を買っている額が、八〇年代ですでに数千億ドルという単位になっていました。

吉田茂　うん、うん。

大川裕太　アメリカは、「日本は安保《あんぽ》タダ乗り」と言っているのですが、日本の防衛に関してアメリカが負担しているのは、せいぜい数十億ドルというレベルでしょう。要するに、日本は、アメリカの国債を買い続けることで、アメリカ軍に大変な出資をしていたわけです。

吉田茂　うん、うん。まあ、それはそうだな。

大川裕太　そうなんですよ。それなのに、日本の国は、自国ではほとんど防衛費を負担しないという、ある意味、クレイジーな判断をし続けてきたわけなんですよね。

吉田茂　〝逆〟もあるんだ。アメリカも、「アメリカが守ってやるから」と称《しょう》してですなあ、航空技術等や、核、ミサイル、あるいは宇宙船、宇宙への技術というのを、なるべく日本に渡《わた》さないようにしていた部分は、かなり長くあって。

要するに、〝用心〟してたっていう。「日本が、もし本気になったら、またしても危《あや》うい」と思うとったからねえ。

だから、ソ連や中国があそこまで来るっていうのは、ちょっと予想してなかったんじゃないかねえ。

でも、ケネディのころはもうソ連に逆転されそうな感じで、必死に逆転に入ろうとしてたから。もし、ソ連のほうが本当に強くなってたら、安保反対のほうの勢力が主力になった可能性もあったかもしれないね。
で、もし、日本が、ソ連や中共の衛星国みたいな感じになってたとしたら、アメリカは、米軍基地を日本から引き揚《あ》げざるをえなかったと思うので。ここが共産圏《けん》の足場になったとしたら、まあ、日本共産党は、今「非武装」を言ってるけど、共産主義圏で非武装のところなんか、ありゃしねえから。そうなってたら、今、ソ連の戦車が入ってきたり、あるいは、アメリカの戦闘機《せんとうき》に代わって、中国の戦闘機がいっぱい日本の飛行場にあるはずで。事実上、向こうに守ってもらう感じになってたんじゃないかな。
まあ、それは同じと言えば同じで。

酒井　それでいいんでしょうか。

吉田茂　いやあ、「過去の朝鮮半島みたいに、外国に支配されるような状態が、日本でも起きていたでしょうね」っていうことだよ。まあ、これは「選択《せんたく》」なんで。アメリカ側を取るか、あちら側（中ソ）を取るかで、まあ、「賭《か》け」だわなあ。賭けだけど、私の判断自体はよかったんじゃないの？　アメリカについたほうが、日本としては幸福だったんじゃないの？

大川裕太　それはそうだと思いますね。

日本を経済的に支えなければいけないというのは、アメリカのほうも認識していたようで、アイゼンハワー大統領がベトナム戦争に介入《かいにゅう》した理由の一つは、「実は、日本を守るためだった」というようにも言われていまして。

吉田茂　それはちょっと、うさんくさいなあ。君が教わった先生は、若干怪《じゃっかんあや》しいから、ちょっと疑ったほうがええよ。

大川裕太　（苦笑）「ベトナムが倒《たお》れると、ドミノのように倒れていって、最後には、日本が共産圏に入るだろう」と。

吉田茂　「ドミノ理論」というのはありましたよ。だけどさあ、ベトナムを守ることが日本を守ることになるなんて、それは取って付けたような……。

大川裕太　要するに、「東南アジアの市場がなくなると、日本は製品を売る先がなくなるので、すぐ共産化するだろう」というわけです。

吉田茂　だけどさあ、結局、アメリカ軍は、ベトナムのゲリラ戦には負けて、撤退《てったい》して。

大川裕太　はい。

●ドミノ理論　ある国が共産化すると、ドミノ倒しのように、近隣諸国も次々と共産化していくという理論。冷戦期に、アメリカが、共産主義勢力の拡大阻止のために唱えた。

吉田茂　南ベトナムのサイゴン……。まあ、君らは生まれてないから知らないだろうけど、サイゴンを撤退していくところ、ヘリコプターで脱出《だっしゅつ》したりしていくところを見た世代の人たちはねえ……。

だから、共産圏になったからって、それで駄目《だめ》になったかっていうと、結局、共産圏になったけど、今のベトナムは、「中国から守ってくれ」と、アメリカにも日本にも言ってきてる。日本からベトナムに、巡視船《じゅんしせん》まで、十隻《せき》かなんか、売ってるか貸してるんか知らんけど、渡したりして守ってるから。

共産圏になっても、やっぱりそうなってきてるから、まあ、こういうものは、あんまりイデオロギーだけで考えちゃいかんところはあるわなあ。実際上、「怖《こわ》いか、怖くないか」という判断は、本能的にあるからね。

## 「日本を守る」気持ちなどないかのような吉田茂

酒井　だから、日本からアメリカが退《ひ》いていくなかで、核の傘《かさ》もなくなり、その抑止力もなくなっていきますし、中国も進出してくれば、北朝鮮からも核で脅《おど》されるという状況《じょうきょう》にあるわけです。

吉田茂　うん、うん。

酒井　ここがいちばん問題だと思うんですよ。「この状況に、あなたの路線が対応しているのか、していないのか」というところです。

吉田茂　だから、安倍君とか、憲法九条をそのままにして。まあ、一項《こう》、二項とあって、戦力不保持とか、交戦権を否定するっていうような規定があるけども。さらに三項で、「例外として、自衛隊は存在できる」みたいなのを入れようとしてるっていう。まあ、面倒《めんどう》くさい〝神学《しんがく》論争〟が起きるようなことをやるから。

酒井　しかし、憲法九条には問題があるわけですから。九条を、あなたは肯定《こうてい》されて、たぶん、あなたが考え出したわけではないと思うんですが、ＧＨＱが示してきて、「ああ、それでいいよ」というふうにやったと思うんですけど。

吉田茂　ああ、まあまあまあ、それはそうです。

酒井　ただ、現実に相手が撃《う》ってこないと、こちらは何も手出しできないわけですよね。こんなことで、国は守れるんですか？

吉田茂　うーん……。

酒井　日米安保があったとしても、局地戦においては、日本はどんどんやられていきますよ。

吉田茂　まあ、近いうちに、それは決着がつくかもしれないし、それだったらそれで終わることもあるかもしらん。

ただ、決着がつかなかった場合？　だから、北朝鮮の脅しがずーっと続いて、向こうが勢力増大して。もしロシアか何かから、後ろからね、支援をつけて。「北朝鮮は潰《つぶ》れませんでした」で、どんどん核大国になっていってっていうことになっていった場合は、最後の〝切り札《ふだ》〟としては、もう、「ハワイの次の州として日本も（アメリカに）入ってしまう」っていう手もあるわね。そしたら防衛できるよ。そしたら防衛ができる。

大川裕太　そこまで主体性がなくて、よろしいんですか。

吉田茂　もう英語でしゃべったらええやん。君も得意だろう?

大川裕太　(苦笑)

吉田茂　もう英語でいこうやあ。

酒井　では、その考え方のなかに……。

吉田茂　(酒井に)君はもう駄目になるね、そのとき、やられるけどさあ。

酒井　その考え方のなかに、「日本を守る」という気持ちはないんですね?

吉田茂　いや、日本を守ってもいいんだけど、「守る」っていうことは、「攻撃する」にすぐ変わるからね。ここが難しいところだな。

酒井　ただ、常識的に日本以外の国は、みんな軍隊を認めているわけですよ。あなたの言う国連においてだって、軍隊を持って自衛する権利は認められているわけです。

吉田茂　いや、国連でも、「共産圏」、「自由主義圏」、両方、常任理事国に入ってるから。国連の意思決定は事実上、できんからさあ。国連軍っていうのは、まあ、小さな第三国に対してはできるけど。

酒井　つまり、「国連は機能していない」ということをお認めになるわけですよね。

吉田茂　まあ、それはそうだなあ。

## とにかく、「強い国に守ってもらえばいい」のか

酒井　そうしたときに、軍隊を認めない国というのは、ありうるんですか。スイスにだって軍隊はありますよ。

吉田茂　いやあ……、小さな国にはあるよ。それは、ポリネシアかどこか、あのへんにはあるんじゃないか？　軍隊のない国は。

酒井　まあ、見事にそこですよ。日本は「経済大国」なわけです。日本のお金が欲《ほ》しいわけですよ、北朝鮮だって、中国だって。

吉田茂　だけどねえ、アメリカが守ってくれなかったら、どうせ、中国の一省に入るよ。

酒井　要するに、「アメリカに守ってもらう」か、「中国に守ってもらう」かであって、「強い国に守ってもらう」というのが、あなたの考えですよね。

吉田茂　まあ、歴史的には、二千年ぐらい見りゃ、そんな時代はいつもあったからさあ。

酒井　では、「日本は奴隷《どれい》国家である」と？

吉田茂　「奴隷国家」っていうか、まあ、カルタゴやベネチアみたいな国だよ。

●カルタゴ　フェニキア人が建設した古代植民都市のこと。現在のチュニジア（アフリカ北部）にあり、東地中海の海上貿易で栄えた商業帝国であった。しかし、ローマと地中海の覇権を争い、前146年、第三次ポエニ戦争で滅亡。

酒井　ですが、あなたの考えでは奴隷ですよね？

吉田茂　うーん、奴隷っていうことはないけど。

酒井　このまま中国に入ったらどうなると思いますか。言論の自由だってないんですよ。

吉田茂　いや、いまだに韓国あたりからね。だから、本当は北朝鮮と敵対しなきゃいけない韓国あたりから、従軍慰安婦《じゅうぐんいあんふ》の像をつくっては、あちこちにまた設置されているような状況だからね。それだけ恨《うら》まれてるんだから。

酒井　だったら、「言論の自由もなくしていい」というのが、あなたの結論ですよね。

吉田茂　うーん、そんなの「軍事大国にできるか」っていったって、できないでしょう？

大川裕太　例えば、大磯《おおいそ》のご自宅に、家の囲《かこ》いもなく、警察も置かずに、あなたと現金だけがあった場合、それで安心して暮らせますか。そういうことと同じだと思うんですよ。

吉田茂　まあ、海があるからね。

大川裕太　（苦笑）

吉田茂　いちおう海があるから。艦船《かんせん》っていうのがそうとうないと、兵隊は送ってこれないから。日本を占領しようとしたら、どのくらいの艦船が必要か……。

大川裕太　今はミサイルの時代ですよ。

酒井　ミサイルで一発じゃないですか。

吉田茂　まあ、ミサイルでやったって、占領はできないからね。壊《こわ》すことはできても、占領はできないよ。

酒井　いえいえ。

吉田茂　占領するためには、それだけ船があって、兵員を送らなきゃいけないから、北朝鮮の船舶《せんぱく》で日本を占領することはできない。

酒井　いや、中国はできますよ。

大川裕太　あなたの考え方でいくと、日本の政治家たちはおそらく、「ミサイルを撃たれるぐらいだったら、何兆円か北朝鮮にあげます」って言ってしまいますよ。

吉田茂　なるほど。まあ、お金で解決するか。まあ、金の使い途《みち》がないからね、ダブついてるから。それはないとは……。

大川裕太　それでいいんですか。それで、北朝鮮にさらに軍備を増強させて。

吉田茂　まあ、日銀は、日銀券を刷りゃあ終わりだから、それは別に、いいんかもしれないけどな。

「精神的には、日本は昭和二十年で死んでいる」

酒井　人間の尊厳などは、中国では守られていないわけですよ。

吉田茂　知らんよ、そんなことは。中国なんか、歴史的にそんな守られてた時代なんかないから。

酒井　いや、北朝鮮なんてもっとないわけですよ。お金を渡してでも、そういう国にくっついたほうがいいんですか、あなたは。

吉田茂　でも、北朝鮮だって、「日本に支配されてるときにはいっぱい残虐《ざんぎゃく》なことはされた」と、向こうは言うとるんだろうから。まあ、そうだったかもしれないし、よく分からんけど、そう言い伝えられてるし。中国も、日本の時代は、「すごい悪党にやられてた」みたいに、ずーっと言うとるんだからさあ。

酒井　まあ、それはプロパガンダですよね。共産党のプロパガンダは、よくありますから。

吉田茂　だけど、占領したのはこっちだからね。

酒井　あなたは、日本的価値観と、中国共産党の価値観と、どっちが幸せだと思いますか。

吉田茂　まあ、中国のほうは人口が増えてさあ、ＧＤＰ（国内総生産）が増えて、軍事的にも大国になってるっていうんだから。まあ、やり方が、ある程度成功してるんだろうからね。

酒井　あなたは、精神的な価値について、一切《いっさい》、言及《げんきゅう》していないですよね。

吉田茂　いや、「精神的には、日本は昭和二十年で死んでる」んで。あとはとにかく、植物状態で生き延びてる状態だから。

酒井　うーん。

吉田茂　精神的にはそうだよ。だから、精神的にはそうだけど、体には栄養を送り続けないかんから、「経済活動は要《い》る」っていう状態だな。

## 検証⑤　「吉田茂の考え」を受け継《つ》いでいるのは誰《だれ》か

吉田茂が二〇一七年の衆院選に出るとしたら、どの党から?

綾織　先ほど、安倍《あべ》首相の話が出ましたけれども。

吉田茂　ああー。

綾織　中身はちょっと別にしてなんですけれども、いちおう、自民党は「憲法九条改正」を言っていると。

吉田茂　ふーん。

綾織　まあ、希望の党でも、いちおう、「憲法九条改正」というのは出てきています。

あなたご自身は、今の選挙戦もある程度ご覧になっていると思うんですけれども、「『護憲』を訴《うった》えている政党を応援《おうえん》する」という立場になるんですか？

吉田茂　うーん……。

綾織　憲法改正をしてはいけないわけですよね。

大川裕太　立憲民主党から出馬できそうな感じでしたけれども。

綾織　（笑）

吉田茂　ちょっと、おかしいんだよなあ。だから、自民党が、自民党じゃなくなって、かつての自民党の〝御本尊《ごほんぞん》〟と〝基本教義の考え方〟、〝信仰心《しんこうしん》〟が、何か野党のほうに行ってしまっている。何か空気が変わってるんだよなあ、すごくな。

綾織　でも、自民党は、立党のときから、「改憲」というのはずっと言っていたことではあるので。

吉田茂　それは、まあ、一つの立場としてはありえることではあろうけどなあ。

綾織　野党……、まさに、「立憲民主党を応援したい。あの立場が正しい」と。

吉田茂　まあ、少なくとも、わしが死んでからあとも、まだそれに近いものはあっただろうねえ、たぶんねえ。あっただろうから。

大川裕太　そうですねえ。

吉田茂　要するに、政府のほうとしては、〝裏の顔〟があってね。裏では、いろいろとまた、アメリカともコソコソ話したり、まあ、考えはあったみたいだけど。例えば、自衛隊の、「対ソ連」や「対中国」の戦略なんていうのは、公表されたらそれでもう、あっという間に首相のクビが飛ぶぐらいの問題だったからね。「戦争っていうのは、あってはならない」っていうような思想が、ずーっとあったからねえ。

綾織　幸福実現党という新しい政党がありまして、ここは逆に、「憲法九条改正」、「防衛軍を持つ」、「戦力としてそれを認める」という主張をしています。

吉田茂　〝ネオナチ〟なんじゃないの？

綾織　それはいけないことだと？

吉田茂　だから、ドイツでなかなかネオナチがそんなにね、まだ、天下を取って、世界に対して、「ドイツは正しかったんだ！」っていうことで、もう一回、ドイツ第四帝国《ていこく》をつくって、やれないのと同じ問題なんじゃないの？

酒井　そうすると、あなたは、今、もし選挙に出るとしたら、どこの党と親和性があるんですか。

吉田茂　うん？　わしがおるところは、それは、新しい党ができるだろうよ。

酒井　希望の党？

吉田茂　ううーん、そんなしょうもないもん。

酒井　立憲民主党ですか？

吉田茂　えっ？

大川裕太　立憲民主党ですかねえ。

吉田茂　いやいや、そんな、自分でつくるわあ、政党。

酒井　自民党はもう駄目《だめ》？

吉田茂　うーん、自民党は〝嘘《うそ》つき党〟だから、それは駄目だわ。

気になっている政治家は誰《だれ》か？

綾織　今、気になっている政治家って、どなたですか。「この人、ちょっと気になる。応援したいなあ」という方はどなたですか。

吉田茂　……うーん。

綾織　安倍さんではないんですよね？

吉田茂　……。

大川裕太　まあ、口がよくないところは、麻生太郎《あそうたろう》さんとかとよく似ていらっしゃるんですかね。

酒井　うーん、似てますねえ。

大川裕太　よく失言をされるので。

吉田茂　チッ（舌打ち）。しつこくやってるけど、人気ないんだよなあ（ため息）。

酒井　今日のお昼に、「おまえたち（幸福実現党）が危ない道を勧《すす》めているから、注意してくれと言う人がいた」と。「言われた」と。伝聞《でんぶん》なんですよ。誰《だれ》から聞いているんですか、そういう話は。

吉田茂　うーん、だから、あれなんじゃない？　今、君らは、「テレビに出ない」だの、「新聞に出ない」だの、言ってるけれども。報道では、小池百合子《こいけゆりこ》だか何か知らんけどさ、あんな女性が、「首相を狙《ねら》ってる」とか言って、「ヒットラーの再来」だとか、早くもそんな言葉が飛び交《か》ってるぐらいだから。あれでヒットラーだったら、君ら、どうなるんだ？　いったい。どこまで行っちゃうんだろう。

酒井　いや、それはいいんですけど。誰かと会話しているんですよね？　あなたは。

吉田茂　まあ、日本は今、国難に当たって、いろんな人がいろんな意見を、この世もあの世も合わせて、今……。

酒井　主《おも》に、あなたのもとには、どんな人が来ているんですか？

吉田茂　「主に、どんな人」っていう、あれじゃないけど。

酒井　少なくとも、面と向かって言われたわけですよね。誰から言われたんですか。誰ですか。

吉田茂　まあ、それは、誰なんかはよう分からんが。とにかく、それだけ戦後の日本に平和と繁栄《はんえい》と成功があったとしたならば、わしは、もう、ほめ称《たた》えられるべき存在であるにもかかわらず……。

だから、わしは、この前、七年前（霊言《れいげん》収録時）に、君たちに叩《たた》き起こされるまでは、自分が何をしてるかが分からなかったような……。

酒井　岸《きし》（信介《のぶすけ》）さんとは話をされますか。

吉田茂　岸か。（舌打ち）岸は岸で、ちょっと、まあ、部分的には狂《くる》っとるからね。

酒井　いえいえ、今、霊界《れいかい》で話をされます？

吉田茂　うーん……。まあ、ズバリは寄ってこないような感じかなあ。

酒井　会っていないんですか。

吉田茂　うーん、ズバリは……。

綾織　よく会う方って、どなたなんですか。よく話をする方は？

吉田茂　うーん……。うーん……。意外に、あのへんの、「二・二六（事件）」とか、

「五・一五（事件）」あたりで決起した将校たちみたいなのは、いるなあ、周りにはな。

大川裕太　そうですか。昭和維新《いしん》の……。

酒井　あの方々は、共産主義も入ってましたよね？

吉田茂　まあ、国家社会主義的なもんだったんかなあ。

酒井　社会主義も入ってましたよねえ？

大川裕太　私は、「二・二六」で、本当に政権を取っていたら、ほとんどナチスと同じ政権になっていたと思うのですけれども。

吉田茂　うーん。なるほどな。

酒井　あなたもそういう考えに近い？

吉田茂　なんで、似てないの？　あれ、おかしいな、何だか……。

酒井　なぜ、そういう「二・二六」の思想と近いんですか。

吉田茂　分からないが。でも、あれは、そうは言っても、軍人の一部が決起して、日本の暴走を止めようとしてた……。だから、政治家が悪いから止めようとしてたんだろうから。

それでいくと、あなたがたは、今で言えば、北朝鮮《きたちょうせん》の金正恩《キムジョンウン》体制に対して、北朝鮮の軍部をそそのかして、クーデターを起こさせたいと思うだろう？　少なくとも、アメリカのＣＩＡとかは、そう思うだろうなあ。
君らだって、手伝えるなら、手伝いたいだろう。まあ、そんなようなもんだったかもしれないから。平和裡《り》に先に終わらそうとしてたところもあったかもしれないからねえ。

酒井　ただ、あれは、資本家の暗殺も狙ってましたよね？

吉田茂　いやあ、日本だって、今の、安倍と黒田《くろだ》日銀総裁がやってる、景気をちょっとバブル化するのが、もうすぐ終わるかもしれないから。それで、ストーンと落ち込《こ》んできたら、やっぱり、「悪人探し」が始まるだろうよ。ボロ儲《もう》けしたやつら、やっぱり。

## この七年間、霊界《れいかい》で勉強してきた「成果」とは？

綾織　ちょっと話が戻《もど》るんですけれども。

吉田茂　うん。

綾織　ちょっと分かりにくいのは、軍事予算拡張に反対していた政治家が殺されたというのは、二・二六事件でありました。だから、そういう、「二・二六事件を起こした人たちと近い」とすれば、軍備拡張のほうに行って防衛強化ということになって、まあ、「今の時代としては、それはそれでいいのかな」というふうに思ってしまうんですけれども。そういう考え方にはならないわけですね？

吉田茂　うーん。

綾織　なぜ、そういう方々と一緒《いっしょ》にいるのですか？

吉田茂　イギリスと戦ったのは、まずかったよな、やっぱりなあ。イギリスと戦ったのがまずかったな。まあ、イタリアも大使で行ったことあるけど、あれはちょっと、ひどいものだったよ。

綾織　そこ（霊界《れいかい》）で話されている内容というのは、どういう内容なんでしょうか。

吉田茂　イタリアの実態はちょっとひどかったので。あれは駄目だなあ。あそこと組むようじゃ、これは駄目だと思った。「この国は滅《ほろ》びるかな」と思ったなあ。ムッソリーニが今、韓国《かんこく》なんか、ちょっと〝いじっとる〟らしいから。だから、ちょっと気をつけないと危ないなと思って、あれしてるんだよ（注。イタリアのムッソリーニ元首相は、現在、韓国の文在寅《ムンジェイン》大統領として生まれ変わっている。『文在寅　韓国新大統領守護霊《しゅごれい》インタビュー』（幸福の科学出版刊）参照）。

綾織　では、訊《き》き方を変えますけれども。

吉田茂　うん、うん。

綾織　七年前の前回の霊言のときにお目覚めになって、その後、七年間どういうふうに過ごされていましたか。

吉田茂　まあ、戦後、自分が死んでから何年かになるから。いやあ、長生きしたからねえ、意外にね。八十九まで生きたっていうんだから。まあ、七〇年安保《あんぽ》以降の歴史ぐらいを勉強し直さないといかん。

綾織　勉強をされていた？

吉田茂　……をしなきゃいけないし。欧米《おうべい》のことを言われても、スッとは分からんからなあ。それは訊かないといかんので。ちょっとすぐには追いつけてはいないんかもしれんなあ。

綾織　勉強して、どういう結論になったんですか。

吉田茂　勉強して？

綾織　はい。

吉田茂　だからねえ、勉強した結果はだなあ、北朝鮮に関してはだなあ、やっぱり南北は、朝鮮戦争のように、朝鮮だけで戦わせたほうがええよ。

綾織　はあ。南北で、やり合って、それで決着つけると。

吉田茂　うん。朝鮮半島内で戦っとりゃええよ。

## 吉田茂に「武士の気概《きがい》」があるのかを問う

大川裕太　まあ、陸上戦になるか分からないので、半島で完結するといいんですけど、そこまで行かないで……。

吉田茂　だから、陸上での〝肉弾戦《にくだんせん》〟になったら、もう核《かく》兵器を使えないから。入り乱れての戦いになるから、そのほうがいいんじゃないか？

大川裕太　でも、日本にも飛んでくる可能性はありますよ、当然。

吉田茂　いや、日本は何もしなけりゃいいんじゃないか。

酒井　いやいや。ただ、アメリカも絡《から》んでいますから。

大川裕太　しかも、難民が……。

酒井　そもそも、無理なんですよ。米軍が朝鮮半島にいるんですから。

吉田茂　うーん……。まあ、あっちの北朝鮮から見りゃあ、日本はもう、アメリカに、一部分、植民地化されてる状態に見えているわけだからね。

酒井　あなたは、植民地化されていていいんですよね？

吉田茂　まあ、とりあえずは、今は何もしなかったらね、「死ぬ」のはアメリカ人と韓国人だから。日本人は、「戦争反対！」って言っとりゃいいんじゃないの。

酒井　あなたには、日本の伝統の「武士の気概《きがい》」みたいなものはあるんですか。

吉田茂　いやあ、「あってあって」だけどな。まあ、「あってあって」なんだけど。

酒井　あってあって？

吉田茂　「あってあって」なんだけど、まあ……。

酒井　何か、あなたは「命が惜《お》しい」っていう、ただそれだけのような気がするんですけど。

吉田茂　そーんなことはないわ。そんなことはない。

大川裕太　いちおうは強そうな発言も残っているようなんですよねえ。ＧＨＱのことを……。

吉田茂　いやあ、それはね、先の大戦で勝ってたらね、それは、わしが言うことは全然違《ちが》っとるよ。それはな、勝っとりゃな。

大川裕太　ああ、なるほど。

酒井　勝ってるか、負けるか、それだけなんですね。

吉田茂　負けたら、それはしょうがない。政治家としては、それは責任があるからさあ。

だから、君らも、戦争をすぐしたがるけどさあ。政治家が戦争をするときは、やっぱりね、勝てばいいけど、負けた場合はすごい悲惨《ひさん》なことになるから。その責任を負わなきゃいけないから、よう考えなきゃいかんのだよ。

酒井　あなたの考え方は、それでいいかもしれませんが、ただ、マッカーサーでさえも、あの世から来て、「憲法を変えないのは、あなたたちの問題だ」というようなことを言っていました（前掲《ぜんけい》『マッカーサー 戦後65年目の証言――マッカーサー・吉田茂・山本五十六《やまもといそろく》・鳩山一郎《はとやまいちろう》の霊言――』参照）。

吉田茂　「マッカーサーが天国に行って、わしが地獄《じごく》に行っとる」っていうのは、おかしいんじゃないか？

原爆《げんばく》を落として、日本の南方の島から沖縄《おきなわ》戦まで、殺しまくったのはマッカーサーだろう。あれが天国に行って、わしが地獄に行くというのは、やっぱり理屈《りくつ》に合わんなあ。おかしいなあ。

酒井　だから、あなたが大切にしているものが何なのかなんですよ。「戦後の、吉田茂の敷《し》いた路線というのは、いったい何だったのか」ということなんですよ、要するに。

吉田茂　うーん……。

## 「国際社会が処理すればいい」という哲学《てつがく》の吉田茂

大川裕太　あなたのお弟子《でし》さんたちは、アメリカが日本に、「もうちょっと防衛費を増やしてくれ」と言ったのにもかかわらず拒否《きょひ》しているんですよ。あなたの考えからしたら、アメリカがそう言うならそれに従えばいいんじゃないですかね。

吉田茂　やっぱりねえ、明治維新以降ねえ、長州《ちょうしゅう》が日本をちょっと牛耳《ぎゅうじ》りすぎて、長州・薩摩《さつま》がやりすぎた結果だなあ、やっぱり、土佐《とさ》がなあ、出遅《でおく》れてしもうた。その感じが残った気はするなあ、少しなあ。うーん、何かなあ、土佐が少しねえ、日本を動かせなかったからなあ。

酒井　まあ、薩摩●の流れも入っているはずなんですけど。奥《おく》さんとかから入っているはずなんですけどねえ。

●**薩摩の流れも……**　吉田茂の最初の妻である雪子の父親は、薩摩藩士・大久保《おおくぼ》利通《としみち》の息子、牧野伸顕《まきののぶあき》。

吉田茂　うーん。

酒井　ちょっとあなたには、何と言うか、精神的な価値観が……。「自由」とか、どう思いますか?

吉田茂　うん?　自由?

酒井　アメリカやイギリスだったら、やはり自由って大切にするじゃないですか。

吉田茂　だけど、戦争のときに八千万ぐらいだった人口が、戦後、一億二、三千万まで来てて、ちょっと減り始めてると言ってるけど、一・五倍ぐらいにはなったんだから。まあ、戦後は成功はしたんじゃないの?

これで、人口が増えないで、軍備を増やさないでやったほうが、日本としては非武装中立に見えなくもないような感じにちょっとしたほうが、戦後のこの流れが今後どうなるかによっても〝生き延びられる可能性〟は高いんじゃないのかなあ。

酒井　生き延びる、と。

吉田茂　あんまり、はっきり与《くみ》してると先が分からないんで。例えば、米軍に全部を、〝おんぶ〟してやっててもねえ？　ロシアや中国が、またどんなふうに動いてくるかも分からんから。まあ、「どことでもくっつけるようにしといたほうが、やっぱり、いい」んじゃないのかな。万一《まんいつ》のときはねえ。

酒井　ただ、最低限の守りがなければ、アメリカが衰退《すいたい》したときに、そのときは日本を守れないですよ。

吉田茂　うーん……。

酒井　そもそも、軍事的空白に入り込むのが、基本的な戦争の流れですから。まあ、戦前のヨーロッパだって……。

吉田茂　北朝鮮に原爆をつくらせて、水爆をつくらせて、弾道ミサイルをやらせて、まだ「それに対して対抗《たいこう》しよう」って国論にならないんだろう？

酒井　いや、だから、あなたの敷いた、「憲法九条」っていう〝宗教〟が成り立ったんですよ、日本には。

大川裕太　先ほどおっしゃっていた、「どことでもくっつけばいい」という発想が、まさに、自民党・安倍政権であっても外交重視で、「国際社会に北朝鮮の問題を処理してもらいたい」みたいな考え方になるわけですよね。

**吉田茂**　まあ、二千年来、考えれば、ほとんど中国に朝貢《ちょうこう》しているような状態が長かったからねえ。

だから、近代、明治以降は急に強国になったけど、それで（先の大戦で）「一回は粉砕《ふんさい》されて」ということだから。もう一回、あの原爆以上の威力《いりょく》を持ってるもので〝粉砕〟されるのは敵《かな》わんからさ。

もう、いっそのこと、北朝鮮に「隷属《れいぞく》」したらいいんじゃないの？　北朝鮮の水爆で守ってもらったら。

**綾織**　国民が奴隷《どれい》になってもいい、と？

吉田茂　いやあ、ぜひとも日本に来ていただいて、招聘《しょうへい》して、日本を守っていただいたらいいいいんじゃないいの？

## 〝憲法九条の守護神《しゅごしん》〟を名乗る吉田茂

酒井　あなたは〝憲法九条の教祖〟ですよね？

吉田茂　そうだね。

酒井　憲法を変えちゃいけないいんですね？

大川裕太　（日本国憲法を）公布し、施行《しこう》しましたからね。

吉田茂　教祖か。まあ、教祖じゃないいかもしれん。書いたのは、私じゃないいから。

教祖じゃないかもしれないけど。

酒井　ただ、守ってますよね?

吉田茂　まあ、〝守護神《しゅごしん》〟だなあ。

酒井　守護神?

吉田茂　うん。

綾織　あなたは、共産党にいても全然おかしくないですよ。日本共産党。

吉田茂　共産党はねえ、やっぱりねえ、中国共産党と決別したって言うけど、あれは嘘があるよな。
共産党は、「革命のためには、軍事力を使ってでも、暴力を使ってでも、革命を起こすべきだ」っていう考えだから、「先軍政治」が起きやすいんだよな。

綾織　本質的にはそうだと思うんですけれど。

吉田茂　だから、「平和の党」なんていうねえ、「憲法九条を護れ」とか、共産党が言ってるのはちょっと嘘っぽくて、なかなか。

酒井　話を戻すと、あなたは、共産党でも何でもいいわけですよね？　強ければ。

吉田茂　まあ、日本の共産党は共産党じゃなくて、あれは、「ムラ社会を護れ」と言ってるんじゃないの？

## 地獄《じごく》に堕《お》ちたことに納得《なっとく》がいかない吉田茂

綾織　今回、お話をお伺《うかが》いするメイン・テーマのところなんですけれども、「平和主義」をずっと唱えています。

吉田茂　うん、うん、うん。

綾織　それで、日本は非武装に近い状態で。

吉田茂　いや、あなたがたは、試験はそれで受けてきて、通ってきたんだろう？　いろんな試験。

綾織　これまで、それでうまくいってきた部分は多かったのかもしれないけれども、これから先、もう明らかにそれではやっていけない。「侵略《しんりゃく》される」と、あなたもおっしゃっていますが、そういう時代が目の前に来ているわけですよね？

吉田茂　「自衛隊員が、戦争したら死ぬかもしれない」っていうことで、奥さんとかが暴《あば》れたりしてるっていう話じゃないか。

綾織　政治家の天国・地獄《じごく》というのも、この仕組みというのは、すごく複雑で分かりにくいのですけれども、これから、ものすごい不幸が起きるのであれば、おそらく、それも含《ふく》めて「地獄に行ってもらわないと困る」という、そういうことなんじゃないですか？

吉田茂　「マッカーサーやトルーマンがもし天国に行って、やられたほうのわしが地獄に行ってる」っていうんなら、「金正恩《キムジョンウン》は、核ミサイルを発射して安倍を殺したら天国へ行けて、安倍は地獄へ行く」と、こういうことになるな（注。以前の霊言で、トルーマンは原爆を落としたことを反省していると語り、天国に還《かえ》ったとは明言していない。『原爆投下は人類への罪か？　――公開霊言　トルーマン＆Ｆ・ルーズベルトの新証言――』〔幸福実現党刊〕参照）。

## 「吉田ドクトリン」は日本を没落《ぼつらく》に導く悪魔《あくま》の思想か

綾織　金正恩はもう……。

酒井　金正恩は地獄に行くでしょうけれども、少なくとも、第二次世界大戦の日本軍の軍人たちのうち、かなりの数の人が天国に還っていますよ。

吉田茂　ほう。あっ、そうなの？

酒井　はい。

吉田茂　なんでわしみたいな平和主義者が、そう……。

大川裕太　ですから、はっきり言えば、あなたの「吉田ドクトリン」が、「日本を没落《ぼつらく》に導く悪魔《あくま》の思想だった」ということなのではないですか。

吉田茂　平和を唱えたんだから、そんな、平和による繁栄……。

綾織　それは、やはり、単純に肉体生命のことだけを言っていたからではないでしょうか。大事なのは、人間の尊厳の問題ですよね。人間がどういう存在なのかということですよね。

『原爆投下は人類への罪か?—公開霊言 トルーマン&F・ルーズベルトの新証言—』(幸福実現党刊)

吉田茂　ああ……。

「日本は、われ関せずで独立していたほうがいい」

酒井　先ほどのあなたの言葉のなかに、非常に決定的な言葉があったのですけれども、「隷属《れいぞく》」という言葉を使いましたよね？

吉田茂　隷属？

酒井　「北朝鮮に隷属したらいい」と。

吉田茂　うーん？　なるほど。

酒井　隷属なんですよね。「隷属しても、平和であればいい」という考えですか。

吉田茂　いや、だから、戦争したいやつは、アメリカだろうが北朝鮮だろうが、やったらいいんだよ、お互《たが》いね。だけど、うちらは、「われ関せず」で独立してたほうがいいんじゃないの？　被《ひ》害《がい》がなくて。

綾織　今、北朝鮮情勢で起こっていることに対しては、トランプ大統領が頑張《がんば》っていますけれども、本当にアメリカが最後まで北朝鮮に対する圧力や攻撃《こうげき》をやり切れるかどうかは、分からないですよ。

吉田茂　いや、アメリカを攻撃してトランプ政権が崩壊《ほうかい》したら、アメリカの民主党が大喜びして、ハリウッドもワアーッと、もう〝打ち上げ花火〟なんじゃないの？

酒井　いや、その場合は、中国も北朝鮮も大喜びです。

吉田茂　ああ、そう。アメリカは、そらあ、民主党がけっこう強いし、ニューヨークも強いんだから、みんな大喜びなんじゃないの？

酒井　日本は守ってもらえなくなりますよ。

吉田茂　トランプは、北朝鮮からすれば、そら、ヒットラーに見えとるんだからなあ。

綾織　その場合、日本もそうですし、アジア中が隷属するわけですよね。それを、あなたはよしとされるということになってしまうわけです。

## 戦後の左翼《さよく》的な憲法・政治・教育観の源流には吉田茂がいる

吉田茂　どうもよく分からん。何かが嚙《か》み合ってないなあ。何が嚙み合ってない……。

大川裕太　あなたの思想により日本が無防備になった結果、中国や北朝鮮による侵略を許し、日本人が不幸に陥《おちい》るということです。

吉田茂　うーん。

大川裕太　これで、もし北朝鮮のミサイルで何千万という日本人が死んだ場合、あなたは、本当に、もう一段深い地獄に堕《お》ちていきますよ。

吉田茂　いやあ、君んところの藤原帰一《ふじわらきいち》は、天国に行くんか、地獄行くんか、どっちなんだ（注。大川裕太は藤原帰一教授のゼミ生）。ええ？

大川裕太　（苦笑）それは教授ご本人次第《しだい》ですけれども。

酒井　それは分かりません。これからの思想によります。

吉田茂　ええ？　でも、やっぱり、平和主義を説いてるんじゃないの？

酒井　ただ、あなたは影響力《えいきょうりょく》があったんです。

吉田茂　ああ、そうかあ。

●藤原帰一（1956〜）　国際政治学者、東京大学大学院法学政治学研究科教授。東京都出身。東京大学法学部、同大学大学院で学び、その間、イェール大学大学院に留学もした。東京大学社会科学研究所助教授などを経て、1999年、東京大学法学部教授等に就任。『危機の時代の国際政治』（幸福の科学出版刊）参照。

酒井　今の日本の体制をすべてつくったんです。「憲法」もそうですし、「教育基本法」や「農地改革」など、そういった戦後体制のすべてに、実は、左翼《さよく》的な思想が入り込んでいます。すべて左翼なんです。

吉田茂　うん、まあ、「戦後の改革」はそうだったよ。いや、ちょうど共産主義が流行《はや》ってたころで。だから、戦争のときに反対してたっていうことでね、共産党の人たちは、牢《ろう》のなかへ入ってたからさ。それで、キリスト教者もだいぶ（牢に）入ったけど、そういうのと一緒になって、キリスト教と共産党が同じように平和勢力に見えたんだな。

酒井　あなたが隷属しようとしたＧＨＱのなかにも、実は、最初、共産主義者がいたんです。

吉田茂　ああ、うーん、うーん。

大川裕太　マルキシズムがソ連や中国をつくったように、あなたの「吉田ドクトリン」が、この日本という国をつくりましたけれども、このドクトリンが間違っているということなんですよね。つまり、「国が間違っている」ということなんです。

酒井　そして、あなたは、宗教自体も葬《ほうむ》り去ったんですけどね。

吉田茂　うーん……。

大川裕太　ですから、大川隆法総裁先生が、「共産中国の解体が終わるまで、マルクスは天上界《てんじょうかい》には上がれないだろう」とおっしゃっているのと同じように、日本の戦後の平和主義の間違いが完全に直らないかぎり、おそらく、あなたは天国に上がれないということだと思います。

酒井　憲法のなかに「政教分離《ぶんり》」が入ったことについては、どう思われているのですか。

吉田茂　うーん、複雑だったけどねえ。まあ、「政教分離」っていっても、もちろん、天皇を、事実上、権力者から排除《はいじょ》するという趣旨《しゅし》ではあるわね。だけど、（GHQは天皇を）酋長《しゅうちょう》と見てたから。酋長に、そういう元首としての軍事権を与《あた》えないということだったんだろうから。

まあ……、妥協《だきょう》の産物だけど、「無条件降伏《こうふく》でなかった」ということだよな。だから、「酋長としての天皇は残すけれども、権力者にはしない」ということが、政教分離の意味だと思うので、それ以外の宗教のところまで制圧する気はなかったと思うんだけどねえ。

「今上《きんじょう》天皇の枕元《まくらもと》によく行っている」。ほかには？

綾織　今日の話でいくと、あなたにアドバイスをしてきた存在というのは、「悪魔的な存在」だということになってしまうのですが。

吉田茂　ええ？

大川裕太　もしかして、昭和天皇とかですか？　そんなことはないですか。

吉田茂　ああ、昭和天皇は分からないけど、でも、今の天皇がいらっしゃるでしょう。

大川裕太　はい、今上《きんじょう》天皇ですね。

吉田茂　平成の、あの方ねえ？　いやあ、思想的には、私とほぼ同じ……。

酒井　同じ？

大川裕太　今上天皇は以前の霊言で、「憲法九条は、天皇制の存続と引き換《か》えだったのだ」というようにおっしゃっていましたね（『今上天皇の「生前退位」報道の真意を探《さぐ》る』〔幸福の科学出版刊〕参照）。

吉田茂　だから、ほぼ一緒なんじゃないの。枕元《まくらもと》にはよく行ってるよ。

大川裕太　ほう。

吉田茂　うん。「戦後体制を護持《ごじ》せよ」と、私も言っているから。

綾織　あなたが働きかけている方というのは、ほかにはどういう方がいらっしゃいますか。

吉田茂　うん？

綾織　枕元に行って、ささやいている相手です。

吉田茂　うーん……、まあ、役所なんかで力を持ってる者に言うこともあるし。

綾織　それは外務省ですか。

吉田茂　うーん、まあ、政治家でもな、それは大臣級の者にも、ときどき言ったりは……。

綾織　元外務大臣とかですか。

吉田茂　ああ、うーん……、まあ、そんな人もいるかもしらんが。

大川裕太　今、河野洋平《こうのようへい》氏の息子《むすこ》さんが、外務大臣をされていますけれども。

吉田茂　いや、自民党リベラル派っていうのはいなくなったんかねえ。

大川裕太　岸田文雄《きしだふみお》氏が頑張っていますね。

吉田茂　ああ、岸田か。ああ、岸田ね？　ああ、ああ、ああ、ああ。岸田は、甘《あま》んじて占領《せんりょう》を受け入れるだろう。

酒井　要するに、「占領されても、命さえあればよい」ということですか。

吉田茂　だってさあ、カルタゴだって、三回もポエニ戦争をやってさ。再武装で三回再戦して、三回とも負けとるんだからさあ、もう。（戦争を）やったって無駄なんだよ。

## 検証⑥ 吉田茂の国際的正義観

### チャーチルの権謀術数《けんぼうじゅっすう》がなければ、イギリスはドイツに負けていた

酒井　ですが、あなたの結論からいくと、「ヨーロッパがヒットラーに占領《せんりょう》されたとしても、それはそれでよいのだ。殺されなければよいではないか」ということになります。

吉田茂　いやあ、EUが早くできてよかったんじゃないの？

酒井　いえいえ。要するに、チャーチルが戦うと決意していなかったら、負けていたわけですよね？

吉田茂　うーん、まあ、もしドイツがヨーロッパを支配してたら、EUが早くできたわなあ。それは間違《まちが》いないよ。

酒井　「ヒットラー中心の」ですか。ただ、チャーチルの代わりにあなたのような人がイギリスにいたら、そういうことになったでしょうね。

吉田茂　うーん。

大川裕太　チャーチルの前の首相も、あなたと似たような方だと思いますけれども。

吉田茂　イギリスは本来、軍事的にはドイツに負けてただろうね、本来はね。チャーチルが権謀術数《けんぼうじゅっすう》をやらなければ、負けてたのは間違いないよ。

ソ連とドイツは利害が共通してて、お互《たが》いに東ヨーロッパを取り合ってたぐらいだからね。「線引き」して、「こっからここまで取ろう」っていうのを、友達で食い合ってた。その〝仲間で食い合ってた同士〟を戦わせたのがチャーチルだからねえ。あと、フランクリン・ルーズベルトだって、「戦争はしない」と言って民主党から立候補して当選したのに、戦争に巻《ま》き込《こ》んで、やってるから。うーん、まあ、チャーチルだろうよ。

酒井　チャーチルは、戦争しようと決意したわけですよ。

吉田茂　そうだね。チャーチル、そうだね。

酒井　それは、正解だったのですか。間違いだったのですか。

吉田茂　いやあ、大勢の人が死んだからねえ。

酒井　間違いということですか。

吉田茂　いいのか分からない。私は分からんけどねえ。

酒井　なるほど。

吉田茂　でも、科学技術的に見れば、ドイツのほうが上だったから、イギリスのほうが滅《ほろ》ぼされてておかしくはない。

酒井　そういうシナリオも受け入れざるをえない？

吉田茂　V2《ブイツー》ロケットを直接撃《う》ち込まれてたから、本来なら、イギリスは、フランスと一緒《いっしょ》に占領されてた。

酒井　では、あなたが、あのときにイギリスの首相だったら、どうしましたか。

「私がイギリスの首相だったら、ヒットラーに降伏《こうふく》している」

吉田茂　ああ、そらあ、「降伏《こうふく》してる」でしょう。

酒井　降伏している？

吉田茂　うん。そりゃ、そうですよ。勝てないですよ。

酒井　ヒットラーにも降伏する？

吉田茂　ドイツは強かったから。とっても強かった。やっぱり、ソ連とアメリカの両方がかかってきたっていうのが、ちょっと予想外だったんで。そこまで行くとは思ってなかった。

酒井　なるほど。そうすると、もしかしたら、あなたはヒットラーとも関係があるのではないですか。

吉田茂　ヒットラーと関係がある？　あんまり好きじゃないよ。

酒井　好きではないですか。

吉田茂　うん。そんなに好きじゃないですよ。

## 吉田茂が考える理想の体制は「非武装中立」

酒井　ただ、「二・二六事件」と親和性があるなら、国家社会主義的な感覚も持っていらっしゃるわけですよね。

吉田茂　いやあ、でも、軍事政権でやるなら、やってもよかったとは思うんだが、ちょっとなあ、戦後の体制が屈折《くっせつ》してるんで、どうもすっきりしないんだよなあ。

酒井　もっとストレートにあなたの考えを出すとしたら、戦後はどういう体制がよかったですか。

吉田茂　うーん……。戦後ねえ。

大川裕太　「自衛隊は要《い》らなかった」とか？

吉田茂　いやあ、やっぱり、「非武装中立みたいなのが未来なんかなあ」とは思っていて。

酒井　あなたは、戦後の日本社会党そのものですよね。

吉田茂　いやあ、そりゃあ、社会党がそう見えるんだったら、日本の軸《じく》がズレてるんだろう、おそらくなあ。

大川裕太　あなたの言う「中立」というのは、戦後ずっと、そういうことを標榜《ひょうぼう》する国はありましたけれども、アジアの国の場合、ほとんど、中国の傀儡《かいらい》のようなものでした。アジア・アフリカ会議（バンドン会議）などに参加していたような「第三世界」の諸国というのは、ほぼ、中国の衛星国を意味していたでしょう。だから、そのようなコスモポリタン的な考えは、イコール左翼《さよく》になっていく気がいたします。

吉田茂　だからねえ、よく分からないんだ。

中国が日本に攻《せ》め取られて、助けを求めて、アメリカに日本を空爆《くうばく》してもらって、助けてもらったのに、そのあと、戦争が終わって五年目ぐらいで、もう、中国とアメリカが戦って、それで中国とソ連も仲が悪くなってねえ。ソ連と中国の間も仲違《なかたが》いして、そして、アメリカとのあれで。

ソ連と対抗《たいこう》するために、アメリカや日本との貿易も始まって、国交回復が始まったりして。「共産主義圏《けん》の分断作戦」が始まったんだろうと思って、先にソ連を滅ぼして、そして、中国のほうを残そうとしたら、今度はまた、中国が覇権《はけん》を目指してきて、大きくなってきてる。

うーん、まあ、有為転変《ういてんぺん》がたくさんあってね。何が正しいかっていったって、もう、そのときに国力が増していくところが支配力を持つけど、衰退《すいたい》するときは衰退するので。これについては、もう、分からんなあ。

酒井　分かりました。

## 力が強ければスターリニズムをも容認するのか

酒井　では、力が強ければ、世界中に、スターリニズムが繁栄《はんえい》してもよいのですか。

吉田茂　スターリニズムが……。いやあ、その可能性はあったんじゃないかなあ。

酒井　いや、あなたとしては、それはよいことなのですか。

吉田茂　うん？

酒井　それを認めるのか、認めないのか。「負けてしまったらしょうがないんだ」と言うのか……。

吉田茂　スターリニズムが日本にはびこったら、どうなったかっていったら、それは、「平等の国・日本」が、「もっとはっきりとした平等の国」になっただろうねえ、たぶんね。

酒井　その平等の国は、いい国ですか。

吉田茂　日本は平等の国なんでしょ？　だから……。

酒井　いや、あなたは、その平等の国を求めますか。

吉田茂　アメリカみたいにならないもん。個人で何兆円も持てるような国には、絶対にならないから。

酒井　格差のある国はどうなんですか。

吉田茂　ええ？　いやあ、私はそんな金持ちになってないから知らんけどさあ。だけど、日本は、〝社長族〟といっても、新入社員の七倍ぐらいしか給料がない社長しかいない国だから。アメリカの場合、全然「桁《けた》が違う」からね、もう全然ねえ。

酒井　「共産主義も受け入れる」ということでよろしいですね。

吉田茂　だから、資本主義も極端《きょくたん》まで行きゃあ、何て言うの？「恐慌が来て、没《ぼっ》落《らく》する」っていうのはありえるかなあと。やっぱり、本当にそう思うところはあるわな。

酒井　あると？

吉田茂　うん。だけど、イギリスみたいなところの貴族主義みたいなものにも、いいところはあったなあと思ってはおるんだけどね。ああいうものもねえ。

「昭和天皇だって、私がずいぶん〝エスコート〟した」

大川裕太　あなたも、「和製チャーチル」などという呼ばれ方をされているんですけれども。

吉田茂　「和製チャーチル」って……。うーん、ちょっと分からんなあ。そういう言い方はされてたから……。とにかく、まあ……。

酒井　ただ、チャーチルは戦いましたからね。「戦わない和製チャーチル」でしょうか。

吉田茂　まあ、少なくとも、私の時代は、その、まあ……、いやあ、一九六〇年以降は、もう、私には責任はないと思うよ。

大川裕太　いやいやいやいや。それは……（苦笑）。

吉田茂　それは、ほかの政治家の責任であって。

大川裕太　日本国憲法を公布し、施行《しこう》したのはあなたです。まだその憲法が続いていますので。

酒井　今も、今上《きんじょう》天皇の枕元《まくらもと》に来て、「(戦後体制を)護《まも》ろう」と言っているのですから、あなたの影響《えいきょう》があるのではないですか。

吉田茂　うーん。いやあ、昭和天皇だって、私がずいぶん〝エスコート〟しておりましたから。

大川裕太　ええ。そうですね。

酒井　現代日本に対して、まだ、あなたが敷《し》いた路線は、影響力を持っているんですよ。

吉田茂　まあ、そうでしょうね。政治家やマスコミはそう思ってるし、教育者もそう……。

日本を「自分の国は自分で守らず、増税し、平等な国」へ

綾織　あなたが止《と》めようとしているのは、幸福実現党ということになりますか。いちばん嫌《いや》な動きをしていますか。

吉田茂　私が止めようとしてるのは幸福実現党？　幸福実現党を止めたらどうなるの？　（幸福実現党の主張の逆は）「自分の国は自分で守るな」ということでしょうねえ。

綾織　そうですね。

吉田茂　自分の国は自分で守らず、増税をしていくと、どうなるんだ？　増税をしていくと……、ああっ、「極《きわ》めて平等な国」が出来上がるんだよ。ねえ？

酒井　平等な国が好きなんですね。

吉田茂　累進《るいしん》課税で、所得の再配分がすごく進んでいって、平等な国ができて。

綾織　そうですね。

吉田茂　中国でもロシアでも、日本に上陸できる。

綾織　やりやすいですね。

吉田茂　北朝鮮《きたちょうせん》が入ってきてもいける。〝受け皿〟が出来上がるわけだなあ。ああ、なるほど。

綾織　〝受け皿〟になる？　それをつくりたいのですか。

吉田茂　うーん、なるわけだなあ。なるほどなあ。

綾織　それを「よし」とされているんですね。

酒井　独自防衛はないんですね。

吉田茂　やっぱり、朝鮮半島や中国の苦しみを思うと、三、四十年ぐらいは、日本も、ちょっと一回、支配してもらってもいいんじゃないの？

酒井　それが結論ですね。

吉田茂　なんかよく分からんけど、イデオロギーみたいなのはあんまり……。とにかく、私には、何か強いものに反発する気《け》があるわけよ。うん。とにかくねえ。

酒井　強いものに反発しながら、長いものに巻かれていますよ。

吉田茂　まあ、それは、そういうところはあるなあ。あるけど、反発する気はあるんで。

君らはなあ、たぶん、マスコミの人たちもそうだろうけど、とっても危険な宗教で、とっても危険な政党に見えてるんじゃないかと思うんだよな。だから、みんな、

「早く消えないかなあ」と思ってるんじゃないかと思うんだが、すっごくしぶとく頑張《がんば》ってるんだ……。

綾織　幸福実現党が消えてしまえば、日本は奴隷《どれい》になってしまいますね。

## 検証⑦　吉田茂の信仰《しんこう》観・宗教観

### 「天皇はただの人間だ。内裏雛《だいりびな》みたいなもの」

酒井　あなたは神様を信じていますか。

吉田茂　あんまり信じてないんだよなあ、実を言うと。

大川裕太　そうですよね。今日も、お話ししていても、日本国憲法を公布・施行《しこう》したわりには、「天皇」の話がほとんど出てこなかったので。

吉田茂　（天皇は）〝ただの人間〟さあ、それは。〝ただの人間〟だけど、内裏雛《だいりびな》みたいなものだから。ねえ？　お雛様みたいなものなんで。

大川裕太　天皇をお護《まも》りしたいという思いはないのですね。

吉田茂　あるわけねえだろうが。

大川裕太　なるほど。

吉田茂　あの天皇のせいで、どれだけ死んだ。どれだけ死んだと思ってるのよ。ええ？

酒井　天皇制はいいとしても、あなたは、キリスト教や仏教など、何か信仰《しんこう》を持っているのですか。

大川裕太　「キリスト教を信仰していた」という話はあるんですよね。

吉田茂　〝うっすら〟とはねえ。

酒井　イエス様の……。

吉田茂　会ったことねえから、それは知らないよ。

酒井　イエス様が「ファーザー」と呼んでいた方とか。

吉田茂　そんな遠い話が分かるわけがないでしょう。

酒井　では、イエス様は何を信じていたと思いますか。

吉田茂　うーん……。やっぱり、神様っていうのは、受難《じゅなん》を下《くだ》さる方なんじゃないの？

酒井　神様はいらっしゃると思う？

吉田茂　いや、知らんよ。

もう知らんけど、とにかく、イエスを磔《はりつけ》にしたのが神だって言うなら、普通《ふつう》は、それを悪魔《あくま》だと思うんだけどなあ。イエスを磔にする人は悪魔だと思うんだけど、それが神だって言うなら、善悪はもう分からん、それは。

酒井　要するに、あなたの考えは、戦後を象徴《しょうちょう》するように、価値がはっきりしない、相対的なものですよね。

吉田茂　だから、「そもそも決めないほうがいい」んだよ、分からないから。

「外交は駆《か》け引きで、とにかく有利に運ぶことは大事」

大川裕太　地獄界《じごくかい》に堕《お》ちる前は、霊界《れいかい》では何次元ぐらいの世界のご出身だったのでしょうか。

吉田茂　そんなこと、分かるわけないでしょう。

綾織　あなたご自身は、日本人として転生《てんしょう》してきたという意識はありますか。

酒井　多少は目覚めてきていらっしゃるから、「魂《たましい》のきょうだい」がいるのは分か

●魂のきょうだい　幸福の科学の教えでは、人間の魂は、原則として「本体が１人、分身が５人」の６人グループによって構成されている。これを「魂のきょうだい」といい、６人が交代で、一定の期間をおいて違う時代に地上に生まれてくる。

りますよね？

吉田茂　いや、ここは何かねえ、プンプン〝臭《にお》う〟のよ。プンプン、プンプン……。

酒井　何が臭うんですか。

吉田茂　いやあねえ、〝鰹《かつお》のたたき〟のような臭いがプンプン……。

酒井　それは、高知のことですか？　懐《なつ》かしいということ？

吉田茂　うん。高知や徳島、このへんに怪《あや》しげな、何か刺激《しげき》するものがちょっとある。〝刺激臭《しゅう》〟があるのよ、ちょっとなあ。

大川裕太　〝四国発のネオナチ政党〟に見えているということですか。

吉田茂　ネオナチって言うとよすぎるかもしらんけど。まあ、何だろうねえ……。いやあ、小池百合子《こいけゆりこ》がヒットラーですか。だったら、君らはいったい何なんだろう。小池がヒットラーなら、君らはいったい何なんだ？

酒井　たぶん、あなたには分からないですよ。「神の正義」というものが分からないわけですから。絶対的な正義があるということを信じていないですよね。

吉田茂　いや、それは分からない。それは分からないよ。ただ、「外交」っていうのは、そんなものでね。〝駆《か》け引き〟で、とにかく「有利に運ぶ」っていうことは大事だから。

カルタゴのような通商国家になる方針にみんなが賛成した

綾織　今日、「カルタゴ」という言葉がけっこう出てきているんですけれども。

吉田茂　ああ、ああ、ああ、ああ。

綾織　何かご縁《えん》がありますか。

酒井　滅《ほろ》ぼされたほうに何か関係が？

吉田茂　いやあ、それはねえ……。まあ、君らは独特の世界にいるから、ちょっと私にはついていけないので。

綾織　それは完全についてこなくてもいいんですけれども。記憶《きおく》のなかにありますか。

吉田茂　まあ、四国が本州に抵抗《ていこう》してるようなもんだったんじゃないの？

綾織　ああ。

吉田茂　私の記憶？　そんなの分からんよ。よく分からんけど。でも、通商国家として、戦後やっていこうとしたんじゃないの？　決意したんじゃないの？

綾織　それはカルタゴと同じですよね。

吉田茂　だから、政治的なイデオロギーとか、軍事的な強国、先軍国家みたいなのを目指さないで、「通商国家として繁栄《はんえい》する」というのが戦後の誓《ちか》いだった。まあ、それに私も嚙《か》んでますけども。

それにみんなが賛成していたはずなのに、私は長生きしたが、天国には還《かえ》れなかった。その理由は、私には分からない。

一九六七年に亡《な》くなってるっていうけど、高度成長が始まってたころだよな？　日本は軌道《きどう》に乗って成長していこうとしていたときだから、〝ものすごい神様〟になっていいはずなんだがなあ。

酒井　しかし、何か大切なものを、どんどん捨てていったはずなんですよね。

「平和のために、日本の神様を捨てた」――そういうドクトリン

吉田茂　なるほど。

大川裕太　「国として守るべき価値観」という発想がないのではありませんか。

吉田茂　ああ。まあ、先の戦争で、天皇信仰も、それは「いかがわしい」と思ってはいたが。

酒井　うーん。

吉田茂　さらに、「国家神道《しんとう》の教えもいかがわしい」とは思っていたよ。

酒井　それを捨てたんですね。ですから、「平和のために、何を捨てたのか」ということなんですよ。

吉田茂　うーん、「平和のために、日本の神様を捨てた」というのは、まあ、それはそうかもしらん。

酒井　神様を捨てた？

吉田茂　うん。「日本の神様への信仰を捨てれば平和になる」っていうドクトリンを敷《し》いたということだな。

酒井　それが、あなたの考え方の柱ですね？

吉田茂　うん、うん。戦争さえしなきゃ、カルタゴも何とか生き延びられたけど、ローマに歯向かったために、最後は徹底《てってい》的に滅ぼされた。だから、アメリカが強国なら、アメリカに歯向かっちゃいけないけども、ソ連とか中共とかが強国になってきたら、歯向かわずに……。

酒井　まあ、カルタゴも戦略的なミスはあったわけですよ。

吉田茂　まあ、そう……。

酒井　単に軍事があったから負けたわけではありません。

吉田茂　うーん。

・

幸福の科学の活動は具合が悪い？

綾織　今一緒《いっしょ》にいる方は、元社会党の人ではありませんか。浅沼稲次郎《あさぬまいねじろう》氏や石橋政嗣《いしばしまさし》氏とか。

●浅沼稲次郎（1898～1960）　政治家。戦後、日本社会党の結成に加わり、書記長、委員長を歴任、安保闘争を指導した。1960年、日比谷公会堂で行われた党首立会演説会で演説中、右翼の少年に刺殺された。

吉田茂　いや、一緒にいる人は小《こ》りんとか、そんな……。

綾織　はい？

吉田茂　いやあ、芸者とか、そんな人が一緒には……。

綾織　（苦笑）

吉田茂　お世話してもらわないといかんからさ。

酒井　では、その芸者のところに挨拶《あいさつ》に来る人は誰《だれ》ですか。

●石橋政嗣（1924～）　政治家。台湾生まれ。1951年に長崎県議会議員、1955年に衆議院議員に当選した。日本社会党書記長、副委員長、委員長を歴任。また、1966年には、社会党の後の党是となる「非武装中立論」を提唱している。著書に『非武装中立論』等がある。

吉田茂　うーん……。いやあ、そんなによく分からん……。何かいろいろ出入《でい》りはしてるか。
いやあ、最近、指導してるところは、ちょっと、よう分からんのだが。

酒井　誰か分からないですか。

吉田茂　でも、何かねえ、日本列島がいろいろと災難に見舞《みま》われてるような感じはあるんで、何か具合の悪いことがあるらしいことは……。

大川裕太　なるほど。それが幸福の科学のせいだということですか。

吉田茂　そうなんじゃないの？

大川裕太　そうですか（苦笑）。

吉田茂　いや、だからねえ、おたくの党（幸福実現党）は、天照大神《あまてらすおおみかみ》とか天御中主神《あめのみなかぬしのかみ》だとか、そんなものをもう一回立ち上げようとしてて、ネオナチじゃないけど、〝ネオ国家神道〟みたいなのを狙《ねら》ってるんじゃないかなあ、もしかしたら。

綾織　あなたは日本人ではないんですか。

吉田茂　あ？　何が？

綾織　日本人の吉田茂さんとして生まれているんですけれども、それ以外の転生《てんしょう》では日本人ではなかったんですか。

酒井　何か思い出がうっすらと残っているはずなんですよ。

吉田茂　うーん、英国紳士《しんし》みたいな感じはいいなあと思ったりはするけどねえ。

綾織　ああ、イギリスですか。日本に生まれていないんですか。

酒井　逆に、日本に恨《うら》みを持っているとか?

吉田茂　いやあ、そんなのね、君、そんな昔の話を言われても分からんのだよなあ。

酒井　日本に恨みを感じるようなことはないですか。

吉田茂　恨みを感じるっていうか、まあ、それは外交的に失敗はあったんじゃないかなとは思う。

酒井　いや、もっと前の記憶で何か出てきますか。

吉田茂　それは無理だよ。君、そんなことはねえ、今、キリスト教国でも通用しないことなんだから。

酒井　なるほど。

吉田茂　もしかして、君らもそのうち分裂《ぶんれつ》するよ。そんなねえ、「日本神道の再興」とねえ、「救世主キリストの再臨《さいりん》」みたいなところを合体させたら、もう目茶苦茶《めちゃくちゃ》な宗教になるよ。

## 検証⑧　吉田茂の責任観

「一九六〇年以降については、私に責任はない」

酒井　ただ、あなたの考え方のなかには、中国共産党や旧ソ連の共産党との親和性がかなりあるので、霊的《れいてき》に通じているのではありませんか。

吉田茂　いや、いちおうそれはねえ、やっぱり、贖罪《しょくざい》の気持ちはありますよ、贖罪の気持ちはね。

酒井　そういう方々との交流はないですか。

吉田茂　まあ、交流……。
　いやあ、君はどんなふうに考えてるのか、よう分からんけど、やっぱり、家一軒《けん》を建てたら、だいたいそこにいるもんで、別に付き合いはない。

酒井　では、毛沢東《もうたくとう》が訪ねてくるとか、そういうことはありませんか。

吉田茂　毛沢東……。

酒井　あるいは、スターリンとか。

大川裕太　生前、あなたは蔣介石《しょうかいせき》と会っていますよね。

吉田茂　うーん……。

大川裕太　蔣介石と会談しているはずですけれども。

吉田茂　（舌打ち）まあ……。

いや、だから、一九六〇年以降は、もう責任ないんだって。もう分からない。それはあと、別の人が責任を取ってる。

酒井　分かりました。まあ、だいたいこれはもう無理ですね。

大川裕太　そうですね。

「神や正義の名の下《もと》に戦争が起きている」

吉田茂　で、私はどうしたらいいのよ？　いや、だから、助けてよ。

大川裕太　例えば、一つは「志《こころざし》がない」というか、「価値観がない」感じがします。

吉田茂　うーん。

大川裕太　「善悪なんて分からない。外交は交渉《こうしょう》だ」というところは、今の外務省そのものなんですよ。

吉田茂　うん。まあ、それはそうだ。

大川裕太　私の大学の先生で、元外務官僚《かんりょう》出身の先生が近年いらっしゃったのですけれども、あまりにも授業に内容がなかったので驚《おどろ》きました。

要するに、「外交とは交渉だ」と言っていたわけです。「中国が十のことを言ってきたら、六つ呑《の》むところを、何とか五つ呑むぐらいに抑《おさ》える。これが外務省の仕事なんだ」ということでした。ただそれだけの授業をずっとされていたのです。

吉田茂　ふうーん。まあ、だいたい国体がそうなっとるんじゃないの、日本全体が。

大川裕太　そういう感じなので、何も価値判断がないんですよ。

酒井　あなたが天国に行けないのは、天国の価値観を持っていない、かつ、それを否定しているからですよ。

吉田茂　いや、自由主義者ではあったんだがなあ、いちおう。

酒井　ただ、神も正義も認めていませんよね。

吉田茂　いやあ、自由民主主義ではある……。

酒井　話のなかに、「正義」や「神」などは一切《いっさい》なかったですね。

吉田茂　ああ、そういうものは持たないほうがいいね。神と正義の名の下《もと》に戦争は起きてるからね。持たないほうがいいわ。

酒井　政治家のなかに神や正義がなければ、これは単なる〝獣《けもの》の世界〟と変わりません。ただ戦うだけです。

吉田茂　いや、武器を使って戦う獣だからね、人間はねえ。

酒井　まだ人間になり切れていないというところが、あなたのいちばんの問題でしょうね。

吉田茂　いや、戦後を繁栄《はんえい》させたはずだから、私は正しいことをやって……。

酒井　「お金を儲《もう》ければ、天国に行ける」というものではありません。

吉田茂　まあ、貿易商の養子として成長したから、そういうところはあるけれども。

酒井　ただ、あなたは幸福の科学の「神の正義とは何か」という教えを理解しなければいけないと思いますよ。

吉田茂　うーん……。

「日本はいずれなくなる国家。みんなが長生きできたらいい」

吉田茂　〝次のマッカーサー〟は出てこないのかな。大丈夫《だいじょうぶ》なのか？　日本はやられないのか？　「再軍備だ」とか君らは言ってるけどさあ。原子力発電は続けて、原発もつくって、それで対抗《たいこう》するだの言ってるけど、〝次のマッカーサー〟がどこかから出てきたら……。

酒井　いや、次のマッカーサーの前に、日本は習近平《しゅうきんぺい》の下《もと》に降伏《こうふく》しなければいけなくなりますよ。

吉田茂　うーん……。

大川裕太　確かに、アメリカが民主党政権になれば、中国と組んで、「日本の安全保障は中国に任せよう」と考え始めるかもしれませんね。

吉田茂　まあ、そういうふうに見えとるだろうなあ、地理的にはな。

酒井　要するに、あなたのなかには、「日本人全員を奴隷《どれい》にしてもいい」という考え方があるんですよ。

吉田茂　うーん、だから、ほとんど中国の一州にしか見えてないはずだろうから。

酒井　ですから、それだけ多くの人が死んでいく可能性も高いわけですよね？

吉田茂　（舌打ち）まあ、いずれなくなる国家だろうから、どうでもいいのかもしらんが、できるだけ、みんなが苦しまないで、長く……。

酒井　いや、奴隷として死んでいく時代が来るということですよ。

吉田茂　いやあ、「おまんま食べられて、長生きできたらいい」んじゃないの?

酒井　その考えがあなたを地獄《じごく》に……。

## 検証⑨　吉田茂の教育観

### 「国防を立ち上げなかった罪」と「信仰《しんこう》国家・日本を骨抜《ほねぬ》きにした罪」

大川裕太　いや、もしかしたら、首相になったのが失敗だったのではないですか？　外務官僚《かんりょう》のままでいれば……。

吉田茂　いやあ、私以外にできる人がいなかったからなあ。

酒井　いや、普通《ふつう》のサラリーマンのような生活をしていれば、そこまでのことはなかったかもしれません。あなたは、多くの日本人、戦後七十年以上の人間の生命、未来にすべて影響《えいきょう》を与《あた》えてしまっているので、その罪はかなり大きいと思いますよ。

吉田茂　うーん。（私の考えが）もし間違《まちが》ってるとしたら、やっぱり、「朝鮮戦争《ちょうせんせんそう》のころに自衛隊を国防軍風に立ち上げて、もとの国家、普通の国家にするのが政治家としての正しい筋《すじ》だ」っていう考えがあるなら、それに関して「間違ってる」ということは言えて……。

酒井　そうですね。そう思いますか。

吉田茂　「商人国家、通商国家で、金儲《かねもう》けだけに励《はげ》んだっていうのが、亡者《もうじゃ》だった」という批判しか、ありえない。

大川裕太　いや、もう一つあるんですよ。もともと信仰《しんこう》国家であったはずの日本、日本神道《しんとう》や仏教の精神も入った信仰国家だったはずの日本の国を、再び立ち上げるべき時期の宰相《さいしょう》としては、あまりにもフニャフニャの価値観であり、さらに、その後の世代にも大きな影響を与えたために、悪と判定されたという点があると思うんですよ。

吉田茂　うーん……。

大川裕太　その考え方は、ただの外務官僚の私見《しけん》だったら構わないのですけれども、「信仰国家・日本の宰相としては、不適格だった」ということだと思うんですよね。

## 「日本は間違《まちが》った」という教育の根本《こんぽん》に吉田茂がいる

吉田茂　いやあ……。うーん。いやあねえ、私は、ここ（幸福の科学）にね、原因があるような気がしてしょうがないのよ。だから、坂本龍馬《さかもとりょうま》のあれもすごく感じるし、天御中主神《あめのみなかぬしのかみ》だとか、天照大神《あまてらすおおみかみ》だとか、こういう連中が何か企《たくら》んでいるのがあって、私なんかの「平和勢力」を、何かこう、洞窟《どうくつ》のなかに押《お》し込《こ》めようとして、一生懸命《いっしょうけんめい》、〝おにぎりめし〟みたいに、こう、しようと……。

酒井　そうなんでしょうね。

綾織　まさに〝封印《ふういん》〟されていきますよね。もう、霊界《れいかい》で誰《だれ》も接触《せっしょく》できなくなって、孤独《こどく》の世界に行ってしまいます。

吉田茂　いや、接触はけっこう制限されてますよ、やっぱり。

酒井　ただ、あなたが先ほどおっしゃったように、自衛隊のところについて、憲法改正できるようなタイミングで憲法改正をしなかったわけですね。これを認めるように憲法改正をしなければいけなかったんでしょうね。

吉田茂　チェッ（舌打ち）。「憲法改正」したら、天国に行けるんかい？

酒井　そのときに、少なくとも「自分の国は自分で守れる」ような国にしておけば、今、こんな問題は起きなかったはずです。

吉田茂　だけど、「憲法九条」がそのままで行って、安倍《あべ》君がフィリピンだとかベトナムなんかに、海上保安庁の船とか貸し出したり、いろいろしてるのは、何かちょっとおかしい感じはするね、確かにねえ。何か……。

酒井　まあ、便宜《べんぎ》上ですよ。あなたのやったことによって、今、それが完全に〝宗教〟になってしまっていますから。

吉田茂　ということであれば、もし日本に神様というのがいるとすれば、やっぱり、日本の神様は「（日本は）アジア太平洋地域ではリーダーでなきゃいかん」と確信してるとしか言いようがないわねえ。

大川裕太　そうですね。

吉田茂　「それを正義としている」ということだろうねえ、うーん。

酒井　あなたは〝真逆〟だったと？

吉田茂　まあ、そういうところだろうねえ。だから、ありえないから……。

酒井　そこまでは分かったと。

吉田茂　戦後は、「『日本は間違《まちが》った』ということをずっと教育しとった」からねえ。だから、「その根本《こんぽん》のところにわしがいる」ということが、まあ、〝教祖に当たる〟のかなあ。

酒井　はい。そうですね。

吉田茂　〝戦後政治の教祖〟なんかなあ。だから、それが間違ってるということならば……、こんな恐《おそ》ろしいことを言ったら、ヒットラーかムッソリーニかって言われるんじゃないか。ええ?

綾織　今、そこに書籍《しょせき》がありますけれども、本当の神様が降りてきて、「これが正義なんだ。これが進むべき道なんだ」と説かれていますので、ぜひ、ゆっくりお読みになり、ご自身の考えと照らし合わせていただけたらと思います。

吉田茂　いやあ、これねえ、本屋がないから、私らのところまで来ないのよねえ。

綾織　いやいや。今日、ご縁《えん》がしっかりできましたので。

酒井　うん。読めると思います。それでは、そういうことで、一度、反省をしていただきたいなと思います。

吉田茂　うーん、分からんなあ。マッカーサー、なんで地獄《じごく》に堕《お》ちないのよ。トルーマンはなんで地獄に堕ちないの？　あれは……。

酒井　少なくとも自由を護ったわけですよね。マッカーサーについても、少なくとも護るべき価値はあったわけですよ。

吉田茂　山本《やまもと》五十六《いそろく》はどうなったんかなあ。おかしいなあ。

酒井　今、生まれ変わってきていますけどね（『「戦えない国」をどう守るのか　稲《いな》田朋美《だともみ》防衛大臣の守護霊霊言《しゅごれいれいげん》』〔幸福の科学出版刊〕参照）。

## 6　日本の神々と吉田茂の関係

戦後、日本を〝水族館のクラゲ〟のようにして生き延びようとした

吉田茂　うーん、今日の聞いた感じでいくと、「戦後、〝水族館のクラゲ〟みたいにしながら、とりあえず生き延びようとした」っていうことは、まあ、事実で。

酒井　うーん。そうですね。

吉田茂　「そのクラゲみたいに長くいすぎたら、それがまた別の意味の罪に当たる」と。フカやサメみたいに襲《おそ》いかかるのが悪いことだと思ってたから、クラゲみたいだったらいいと思っとったが、「クラゲも長かったら罪になる」というような、ま

あ、そんなようなことを言われたと。

酒井　そうですね。クラゲの下《した》には一億人以上の人々がいるわけです。

吉田茂　そういうことですか。

酒井　はい。

吉田茂　日本は、「上」がクラゲになる傾向《けいこう》があるからさ。自民党も、「憲法を改正して天皇を元首に」とかいうことも言ってたけど、判断権がなくて意見が言えない元首なんて、どうするんだろね。ほんとに困るねえ。

綾織　それはそのとおりですね。

吉田茂　うん。どうするんだろねえ。
「土佐《とさ》では龍馬《りょうま》より偉《えら》いと思うんだがなあ」と首をひねる吉田茂

酒井　そろそろお時間ですので……。

吉田茂　ああ、そう。

酒井　かなりヒントを得られたのはお分かりだと思うのですが。

吉田茂　だから、土佐《とさ》では龍馬《りょうま》よりわしのが偉《えら》いと思うんだがなあ。

酒井　いやいや。残念ながら、もう、住む世界が違《ちが》うということです。

綾織　あなたも、教祖でも神様でも何でもない普通《ふつう》の元首相であり、「やっぱり、本当の神様はいるんだ」ということをよくご理解いただいて。

吉田茂　うん。うーん。今、「龍馬空港」とか、何か言ってるんじゃないの？　高知では。それを「吉田茂空港」に変えて……。

酒井　それはないですね。これから、未来の人も含《ふく》めて大勢の人をさらに不幸に陥《おとしい》れる可能性があるので。

吉田茂　だけど、再軍備して、核《かく》武装までして、北朝鮮《きたちょうせん》にミサイルを飛ばしまくるなんて、それまた、もう一回戦争をやるようなもん……。

酒井　いえ、別に、飛ばしまくらなくてもいいじゃないですか。

綾織　「抑止力《よくしりょく》」ですから。「戦争を止《と》める」ためにやろうとしています。

酒井　とにかく、あなたの方向でいくと、「より多くの人が死ぬ可能性がありますよ」ということです。こちらから戦争を仕掛《しか》けなくても、多くの人が死ぬ可能性がありますよと。

吉田茂　まあ、「平和、平和」と言ってても、「許されない場合もある」ということを言いたいわけね?

酒井　はい。

吉田茂　うーん。神様……、あっ、日本の神様っていうのはなあ、戦神《いくさがみ》が多いんだよ、やっぱりな。

酒井　いや、日本の神様だけではなくて、今、あなたの問題は世界の問題にもかかわっているので、本当に大きいんですよ。「世界の正義」なんです。

## 今、政治家や皇室が信仰《しんこう》を持たないように指導している？

吉田茂　うーん。だけど、時効《じこう》っていうのもあるから、もう許してもらってもいいんじゃないかなあ？

酒井　いや、これからですよ。

大川裕太　まだ「日本国憲法」が残っておりますので。国が反省を終え、国の体制が変わらないかぎり、終わりませんよ。これは、あなたの責任ですから。

吉田茂　いや、まあ……。（大川裕太に）いや、あなたあたりから、なんか嫌《いや》な感じの、〝雷《かみなり》〟みたいなのがビリビリと来る感じ、電気的な何かが来てるのよ。

酒井　まさに、その直感をもっともっと冴《さ》え渡《わた》らせれば、もう少し分かるようになってくると思います。何がよいのか悪いのか。

吉田茂　（左側のほうを指しながら）こっちのへんからも、ビリビリビリッと何か電流みたいなもんが、これね、こう、縛《しば》ってるのよ。何かねえ、そうなんです、私、吉田松陰《よしだしょういん》の牢獄《ろうごく》みたいなところに入れられてるような感じがちょっとするわけよ。

酒井　ただ、「間違っていた」ということは素直《すなお》に認めたほうがいいですよ。

吉田茂　何が間違ってるのか、分からない。

酒井　いや、だいたい分かったではないですか。

吉田茂　間違った人たちは、死刑《しけい》にされて、処刑されたわけですよ。

酒井　しかし、今、あなたも、あの世で牢屋に入っているんですよ。

吉田茂　うーん。うーん……。

酒井　神様に対し、「何か間違えていました。申し訳ございません」という気持ちは持ったほうがいいと思います。

吉田茂　なるべく、今、政治家や皇室が信仰心《しんこうしん》なんかをあまり持たないように、一《いっ》生懸命《しょうけんめい》、指導はしているから。まあ、それは、そういうところはあるかもしれない。

綾織　そういうのも一切《いっさい》やめて、ご自身の反省をされるのがいいと思います。

吉田茂　東大なんかも、信仰心がない人ばかりになっとるだろうから。それが「安全」だと、「平和の条件」だと、みんな思っとるからなあ。神様を信じたりしたら、もう、とたんに戦争が始まって、相手を蹴散《けち》らしたりすることが始まるからなあ。

酒井　普通に考えたら、神様を信じないほうが戦争しやすいですけどね。

吉田茂　うーん。まあ、日本の場合は、必ずしもそうとは言えないがな。

## 「吉田ドクトリン」の毒水を国民の大多数が飲まされている

酒井　まあ、お時間も長くなりましたので、もうそろそろ……。

吉田茂　ああ、そうですか。まあ、十分納得《なっとく》はいかんのだけども、「吉田ドクトリン」を立てた私は、とりあえず、戦後の日本政治の教祖に当たるような立場にあるんだけれども、なぜか知らんが、地獄の一角《いっかく》に封《ふう》じ込《こ》められて、どうも、日本の神様がたに隔離《かくり》されてるらしいということだけは分かるので。うーん……。

まあ、それ以上、言うことはないね。

酒井　そうですね。それをもとに、また反省を深めていただければと思います。

吉田茂　うーん。でも、君さあ、神様が応援《おうえん》してる君たちの幸福実現党って、また、全敗するんだろう？　これ、おかしいじゃないか。

酒井　だから、それは、あなたに洗脳された人たちがまだ大勢いるのも影響《えいきょう》していると思います。

吉田茂　いや、もしそうだったら、日本はもう、悪魔《あくま》の国っていうことになるじゃない？　君らがもし正しいなら。

大川裕太　「教育」がまず間違っていますよね。その「吉田ドクトリン」の毒水が、マスコミに流れてはいますね。

吉田茂　マスコミもみんな、悪魔が支配してるんでしょう？　それだったら。

酒井　そうですね。

吉田茂　マスコミを悪魔にして、国民の大多数は毒水を飲んでるっちゅうことでしょう？

酒井　毒水を飲んでいます。

吉田茂　教育のほうも、全部、教育学部はみんな、やられてるっていうことでしょう？

酒井　はい。要するに、みんな、「善悪が分からなくなっている」ということですね。

吉田茂　うん。「反対になってる」っていうことでしょう？　たぶん。

酒井　「数が多ければ正義」だとか、「お金があれば正義」だとか、「強い者が正義」だとか……。

吉田茂　ああ、そうか。「戦後、日本の神様を封印して、教育から消した罪」を私に被《かぶ》せようとしてるんだ。

酒井　それはありますよ。

吉田茂　ああ、そういうことなんだ。

酒井　被せないでも（苦笑）、まさに、それもあるんですよ。

吉田茂　ふうーん。なるほど。

大川裕太　憲法と民主主義だけを、戦後の日本の国是《こくぜ》にされてきましたからね。

吉田茂　すっきりしないなあ。すっきりしないけど、でも、なんで来たんだろう、私はねえ。

酒井　いや、それを明らかにしたかったんでしょうけれども、この前、あなたは何か後悔《こうかい》をされていたので。そうは言っても、心のなかに、何か本当に苦しいものがあるんですよ。

吉田茂　安倍《あべ》……、小池《こいけ》……、うーん、うーん……。さっぱり分からんなあ。

酒井　分かりました。これ以上は続けてもしかたがないようですので……。

吉田茂　ああ、うん。じゃあ。

酒井　はい。

## 7　吉田茂は、戦後の「不可知論《ふかちろん》」「逃《に》げ延びる外交術」の源流

大川隆法　（手を二回叩《たた》く）はい。すっきりするような状況《じょうきょう》までは行きませんでした。

ただ、戦後の「不可知論《ふかちろん》」的な感じというか、判断できない感じの「学問」や「政治」、「ジャーナリズム」等、いろいろなものに漂《ただよ》っている感じのものも、少し関係はありそうですね。

大川裕太　はい。

大川隆法　その不可知論的なものが続いている理由は、やはり、「神様による正邪《せいじゃ》

●不可知論　「人間は、経験しえないこと（神など）を知ることはできない」とする立場。19世紀におけるイギリスの生物学者であるトマス・ヘンリー・ハクスリーの造語だが、カント以降の哲学でも不可知論は主流となっている。

の判断」というものを受け入れないところにあるということですね。

酒井　はい。

大川隆法　「戦争でひどい目に遭《あ》ったから、とにかく殺されない権利を守るために、どう生き筋《すじ》を見いだし、逃《に》げ回るか」ということに、特に知力を使うというようなところでしょうか。

酒井　はい。

大川隆法　だから、「旗色《はたいろ》をはっきりせずに、〝うまく逃げ延びる〟ような外交術をやればいいんだ」というような感じでしょうか。

酒井　そうですね。

大川隆法　それなら、おそらく、岸田文雄《きしだふみお》氏などにも取り憑《つ》きやすそうですね。

大川裕太・酒井　（笑）

大川隆法　そのまま入るのではないですか、スポッと。次にはそうなるのかもしれません。

酒井　はい。

大川隆法　われわれの仕事も、ここはなかなかうまくいかないところです。戦後の蓄積《ちくせき》がそうとうあるので、そう簡単に吹《ふ》き払《はら》えません。ただ、何らかの「神仕組《かみしくみ》み」が起きるだろうとは思っていますけどね。

酒井　はい。

大川隆法　そういつまでもは放置するわけがないので、何かが変化していこうとしているとは思います。

まあ、「安政《あんせい》の大獄《たいごく》」から八年後には「明治維新《いしん》」が起きていますからね。おそらくは、今、何かが大きく変化していこうとはしているのでしょう。

大川裕太　はい。

大川隆法　次の段階で起きる政変では、まだ幸福実現党の勝利にはならないかもしれないのですが、それで起こしたものがまた壊《こわ》れて……、という感じで、何度積み木を積んでも積んでも、次々と崩《くず》れるところを目《ま》の当たりにしたあたりで、何かおかしいということが分かってくるのかもしれません。

酒井　そうですね。

大川隆法　うーん。まあ、これ（吉田茂の反省）については、これ以上はいかないでしょうかね。では、このへんにしておきましょう。ありがとうございました。

質問者一同　ありがとうございました。

# あとがき

日本の戦後体制の崩壊《ほうかい》が近づいている。

それは東日本大震災並みに、あっと言う間に起きるだろう。

日本人が、全員毒虫《どくむし》になって、地べたをはいずりまわっていたという悪夢《あくむ》が、もうすぐ終焉《しゅうえん》を迎えようとしている。吉田茂の洗脳《せんのう》から脱する日は近い。

神の正義を考えられない者には、隷属《れいぞく》しかないのだ。戦後平和主義の代償の大きさに気づき、未来を指《さ》し示《しめ》している政党が、「幸福実現党」しかないことに、はやく目覚めてほしい。

レクイエムが鳴り響く中、その日暮らしをしているマスコミ人たちにも、「救済《きゅうさい》の日」が近づいていることを感じとってもらいたいものだ。

二〇一七年　十月六日

幸福《こうふく》の科学《かがく》グループ創始者兼総裁《そうししゃけんそうさい》
幸福実現党創立者兼総裁《こうふくじつげんとうそうりつしゃけんそうさい》　大川隆法《おおかわりゅうほう》

『吉田茂元首相の霊言』大川隆法著作関連書籍

『自分の国は自分で守れ』（幸福の科学出版刊）
『危機のリーダーシップ』（同右）
『マッカーサー 戦後65年目の証言
　――マッカーサー・吉田茂・山本五十六・鳩山一郎の霊言――』（同右）
『文在寅 韓国新大統領守護霊インタビュー』（同右）
『今上天皇の「生前退位」報道の真意を探る』（同右）
『「戦えない国」をどう守るのか　稲田朋美防衛大臣の守護霊霊言』（同右）
『日米安保クライシス――丸山眞男 vs. 岸信介――』（同右）
『原爆投下は人類への罪か？
　――公開霊言 トルーマン&F・ルーズベルトの新証言――』（幸福実現党刊）

吉《よし》田《だ》茂《しげる》元《もと》首相《しゅしょう》の霊言《れいげん》

――戦後平和主義の代償とは何か――

2017年10月７日　初版第１刷

著　者　　大《おお》　川《かわ》　隆《りゅう》　法《ほう》

発行所　　幸福の科学出版株式会社

〒107-0052 東京都港区赤坂２丁目10番14号

TEL(03)5573-7700

http://www.irhpress.co.jp/

印刷・製本　株式会社 研文社

落丁・乱丁本はおとりかえいたします



ISBN978-4-86395-946-0 C0030

写真：shutterstock/pullia ／ Press Association/ アフロ／時事

## 大川隆法シリーズ・最新刊

# 危機のリーダーシップ

## いま問われる政治家の資質と信念

党利党略や、ポピュリズム、嘘とごまかしばかりの政治は、もう要らない。国家存亡の危機にある今の日本に必要な「リーダーの条件」とは何か？

1,500円

# 自分の国は自分で守れ

## 「戦後政治」の終わり、「新しい政治」の幕開け

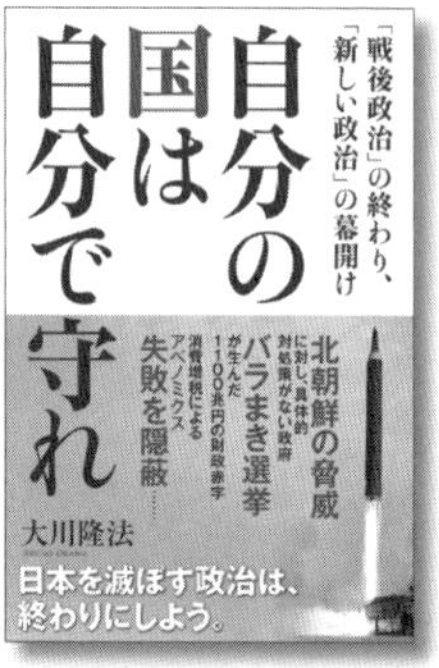


北朝鮮の核開発による国防危機、1100兆円の財政赤字、アベノミクスの失敗……。嘘と国内的打算の政治によって混迷を極める日本への最新政治提言！

1,500円

## 「報道ステーション」コメンテーター

# 後藤謙次 守護霊インタビュー 政局を読む

争点隠しや論点のすり替えに騙されるな！ 北朝鮮危機、消費増税、小池新党などについて、テレビでは語れない"国難選挙"の問題点を鋭く分析。

1,400円

※表示価格は本体価格（税別）です。

## 大川隆法 霊言シリーズ・正しい歴史認識を求めて

### マッカーサー<br>戦後65年目の証言

**マッカーサー・吉田茂・<br>山本五十六・鳩山一郎の霊言**

GHQ最高司令官・マッカーサーの霊によって、占領政策の真なる目的が明かされる。日本の大物政治家、連合艦隊司令長官の霊言も収録。

1,200円

---

### 原爆投下は人類への罪か？

**公開霊言 トルーマン<br>＆F・ルーズベルトの新証言**

なぜ、終戦間際に、アメリカは日本に2度も原爆を落としたのか？「憲法改正」を語る上で避けては通れない難題に「公開霊言」が挑む。【幸福実現党刊】

1,400円

---

### 公開霊言 東條英機、<br>「大東亜戦争の真実」を語る

戦争責任、靖国参拝、憲法改正……。他国からの不当な内政干渉にモノ言えぬ日本。正しい歴史認識を求めて、東條英機が先の大戦の真相を語る。【幸福実現党刊】

1,400円

---

※表示価格は本体価格(税別)です。

## 大川隆法霊言シリーズ・戦後体制の是非を問う

# 日米安保クライシス

### 丸山眞男 vs. 岸信介

「60年安保」を闘った、左翼系政治学者・丸山眞男と元首相・岸信介による霊言対決。二人の死後の行方に審判がくだる。

1,200円

# 憲法改正への異次元発想

### 憲法学者NOW・
### 芦部信喜 元東大教授の霊言

憲法九条改正、天皇制、政教分離、そして靖国問題……。「憲法改正」について、憲法学の権威が、天上界から現在の見解を語る。【幸福実現党刊】

1,400円

# 「集団的自衛権」はなぜ必要なのか

日本よ、早く「半主権国家」から脱却せよ！激変する世界情勢のなか、国を守るために必要な考え方とは何か。この一冊で「集団的自衛権」がよく分かる。【幸福実現党刊】

1,500円

大川隆法霊言シリーズ・日本の国防・外交を考える

## 戦後保守言論界のリーダー 清水幾太郎の新霊言

核開発を進める北朝鮮、覇権拡大を目論む中国、弱体化するトランプ政権――。国家存亡の危機に瀕する日本が取るべき「選択」とは何か。

1,400円

## 国軍の父・山県有朋の具体的国防論

憲法９条をどうする？ 核装備は必要か？ 国を護る気概とは？ 緊迫する国際情勢のなか、「日本の最高軍神」が若い世代の素朴な疑問に答える。

1,400円

## 「忍耐の時代」の外交戦略 チャーチルの霊言

もしチャーチルなら、どんな外交戦略を立てるのか？ "ヒトラーを倒した男"が語る、ウクライナ問題のゆくえと日米・日ロ外交の未来図とは。

1,400円

※表示価格は本体価格（税別）です。

## 大川隆法 霊言シリーズ・全体主義者の本心と末路

### ヒトラー的視点から検証する
# 世界で最も危険な独裁者の見分け方

世界の指導者たちのなかに「第二のヒトラー」は存在するのか? その危険度をヒトラーの霊を通じて検証し、国際情勢をリアリスティックに分析。

1,400 円

---

# 赤い皇帝 スターリンの霊言

旧ソ連の独裁者・スターリンは、戦中・戦後、そして現代の米露日中をどう見ているのか。共産主義の実態に迫り、戦勝国の「正義」を糺す一冊。

1,400 円

---

# マルクス・毛沢東のスピリチュアル・メッセージ
### 衝撃の真実

共産主義の創唱者マルクスと中国の指導者・毛沢東。思想界の巨人としても世界に影響を与えた、彼らの死後の真価を問う。

1,500円

※表示価格は本体価格(税別)です。

## 大川隆法ベストセラーズ・幸福実現党の目指すもの

# 幸福実現党宣言

### この国の未来をデザインする

政治と宗教の真なる関係、「日本国憲法」を改正すべき理由など、日本が世界を牽引するために必要な、国家運営のあるべき姿を指し示す。

1,600円

---

# 政治革命家・大川隆法

### 幸福実現党の父

未来が見える。嘘をつかない。タブーに挑戦する——。政治の問題を鋭く指摘し、具体的な打開策を唱える幸福実現党の魅力が分かる万人必読の書。

1,400円

---

# 大川隆法の守護霊霊言

### ユートピア実現への挑戦

あの世の存在証明による霊性革命、正論と神仏の正義による政治革命。幸福の科学グループ創始者兼総裁の本心が、ついに明かされる。

1,400円

幸福の科学出版

# 幸福の科学グループのご案内

**宗教、教育、政治、出版などの活動を通じて、地球的ユートピアの実現を目指しています。**

## 幸福の科学

一九八六年に立宗。信仰の対象は、地球系霊団の最高大霊、主エル・カンターレ。世界百カ国以上の国々に信者を持ち、全人類救済という尊い使命のもと、信者は、「愛」と「悟り」と「ユートピア建設」の教えの実践、伝道に励んでいます。

（二〇一七年十月現在）

### 愛

幸福の科学の「愛」とは、与える愛です。これは、仏教の慈悲《じひ》や布施《ふせ》の精神と同じことです。信者は、仏法真理をお伝えすることを通して、多くの方に幸福な人生を送っていただくための活動に励んでいます。

### 悟り

「悟り」とは、自らが仏の子であることを知るということです。教学《きょうがく》や精神統一によって心を磨き、智慧《ちえ》を得て悩みを解決すると共に、天使・菩薩《ぼさつ》の境地を目指し、より多くの人を救える力を身につけていきます。

### ユートピア建設

私たち人間は、地上に理想世界を建設するという尊い使命を持って生まれてきています。社会の悪を押しとどめ、善を推し進めるために、信者はさまざまな活動に積極的に参加しています。

国内外の世界で貧困や災害、心の病で苦しんでいる人々に対しては、現地メンバーや支援団体と連携して、物心両面にわたり、あらゆる手段で手を差し伸べています。

年間約３万人の自殺者を減らすため、全国各地で街頭キャンペーンを展開しています。

公式サイト **www.withyou-hs.net**

ヘレン・ケラーを理想として活動する、ハンディキャップを持つ方とボランティアの会です。視聴覚障害者、肢体不自由な方々に仏法真理を学んでいただくための、さまざまなサポートをしています。

公式サイト **www.helen-hs.net**

## 入会のご案内

幸福の科学では、大川隆法総裁が説く仏法真理《ぶっぽうしんり》をもとに、「どうすれば幸福になれるのか、また、他の人を幸福にできるのか」を学び、実践しています。

**入会**

### 仏法真理を学んでみたい方へ

大川隆法総裁の教えを信じ、学ぼうとする方なら、どなたでも入会できます。入会された方には、『入会版「正心法語」』が授与されます。

**三帰《さんき》誓願《せいがん》**

### 信仰をさらに深めたい方へ

仏弟子としてさらに信仰を深めたい方は、仏《ぶっ》・法《ぽう》・僧《そう》の三宝《さんぽう》への帰依を誓う「三帰誓願式」を受けることができます。三帰誓願者には、『仏説・正心法語《しょうしんほうご》』『祈願文《きがんもん》①』『祈願文②』『エル・カンターレへの祈り』が授与されます。

幸福の科学 サービスセンター
TEL 03-5793-1727
（受付時間／火～金：10～20時 土・日祝：10～18時）

幸福の科学 公式サイト
happy-science.jp

教育

# ハッピー・サイエンス・ユニバーシティ

Happy Science University

## ハッピー・サイエンス・ユニバーシティとは

ハッピー・サイエンス・ユニバーシティ(HSU)は、大川隆法総裁が設立された「現代の松下村塾」であり、「日本発の本格私学」です。
建学の精神として「幸福の探究と新文明の創造」を掲げ、
チャレンジ精神にあふれ、新時代を切り拓く人材の輩出を目指します。

## 学部のご案内

### 人間幸福学部

**人間学を学び、新時代を切り拓くリーダーとなる**

### 経営成功学部

**企業や国家の繁栄を実現する、起業家精神あふれる人材となる**

### 未来産業学部

**新文明の源流を創造するチャレンジャーとなる**

**HSU長生キャンパス**
〒299-4325
千葉県長生郡長生村一松丙 4427-1
TEL 0475-32-7770

### 未来創造学部

**時代を変え、未来を創る主役となる**

政治家やジャーナリスト、ライター、俳優・タレントなどのスター、映画監督・脚本家などのクリエーター人材を育てます。4年制と短期特進課程があります。

**・4年制**
1年次は長生キャンパスで授業を行い、2年次以降は東京キャンパスで授業を行います。

**・短期特進課程(2年制)**
1年次・2年次ともに東京キャンパスで授業を行います。

**HSU未来創造・東京キャンパス**
〒136-0076
東京都江東区南砂2-6-5
TEL 03-3699-7707

# 学校法人
# 幸福の科学学園

学校法人　幸福の科学学園は、幸福の科学の教育理念のもとにつくられた教育機関です。人間にとって最も大切な宗教教育の導入を通じて精神性を高めながら、ユートピア建設に貢献する人材輩出を目指しています。

**幸福の科学学園**

**中学校・高等学校（那須本校）**
2010年4月開校・栃木県那須郡（男女共学・全寮制）
TEL　**0287-75-7777**
公式サイト　**happy-science.ac.jp**

**関西中学校・高等学校（関西校）**
2013年4月開校・滋賀県大津市（男女共学・寮及び通学）
TEL　**077-573-7774**
公式サイト　**kansai.happy-science.ac.jp**

**仏法真理塾「サクセスNo.1」**　TEL　**03-5750-0747**（東京本校）
小・中・高校生が、信仰教育を基礎にしながら、「勉強も『心の修行』」と考えて学んでいます。

**不登校児支援スクール「ネバー・マインド」**　TEL　**03-5750-1741**
心の面からのアプローチを重視して、不登校の子供たちを支援しています。
また、障害児支援の**「ユー・アー・エンゼル！」運動**も行っています。

**エンゼルプランV**　TEL　**03-5750-0757**
幼少時からの心の教育を大切にして、信仰をベースにした幼児教育を行っています。

**シニア・プラン21**　TEL　**03-6384-0778**
希望に満ちた生涯現役人生のために、年齢を問わず、多くの方が学んでいます。

**NPO 活動支援**

学校からのいじめ追放を目指し、さまざまな社会提言をしています。また、各地でのシンポジウムや学校への啓発ポスター掲示等に取り組む一般財団法人「いじめから子供を守ろうネットワーク」を支援しています。

公式サイト　**mamoro.org**
ブログ　**blog.mamoro.org**
相談窓口　**TEL.03-5719-2170**

# 幸福の科学出版

出版
メディア
事業

大川隆法総裁の仏法真理の書を中心に、ビジネス、自己啓発、小説など、さまざまなジャンルの書籍・雑誌を出版しています。他にも、映画事業、文学・学術発展のための振興事業、テレビ・ラジオ番組の提供など、幸福の科学文化を広げる事業を行っています。

アー・ユー・ハッピー？
**are-you-happy.com**

ザ・リバティ
**the-liberty.com**

幸福の科学出版
TEL **03-5573-7700**
公式サイト **irhpress.co.jp**

THE FACT

**ザ・ファクト**
マスコミが報道しない
「事実」を世界に伝える
ネット・オピニオン番組

Youtubeにて
随時好評
配信中！

ザ・ファクト 検索

芸能文化
事業

NEW STAR PRODUCTION

## ニュースター・プロダクション

「新時代の"美しさ"」を創造する芸能プロダクションです。2016年3月に映画「天使に"アイム・ファイン"」を、2017年5月には映画「君のまなざし」を公開しています。

公式サイト **newstarpro.co.jp**

ARI Production

## ARI《アリ》 Production《プロダクション》

タレント一人ひとりの個性や魅力を引き出し、「新時代を創造するエンターテインメント」をコンセプトに、世の中に精神的価値のある作品を提供していく芸能プロダクションです。

公式サイト **aripro.co.jp**

# 大川隆法　講演会のご案内

大川隆法総裁の講演会が全国各地で開催されています。
講演のなかでは、毎回、「世界教師」としての立場から、幸福な人生を生きるための心の教えをはじめ、世界各地で起きている宗教対立、紛争、国際政治や経済といった時事問題に対する指針など、日本と世界がさらなる繁栄の未来を実現するための道筋が示されています。

8月2日 東京ドーム「人類の選択」

5月14日 ロームシアター京都「永遠なるものを求めて」

4月23日 高知県立県民体育館「人生を深く生きる」

2月11日 大分別府ビーコンプラザ・コンベンションホール「信じる力」

1月9日 パシフィコ横浜「未来への扉」

講演会には、どなたでもご参加いただけます。
最新の講演会の開催情報はこちらへ。⟹

大川隆法総裁公式サイト
https://ryuho-okawa.org